A
GUIDE TO
ESSAY WRITING
IN RUSSIAN

SVETLANA AND STEPHEN LE FLEMING

Bristol Classical Press

With much gratitude to our
infinitely patient typist,

KATHLEEN LOWSON

This impression 2002
First published in 1996 by
Bristol Classical Press
an imprint of
Gerald Duckworth & Co. Ltd.
61 Frith Street, London W1D 3JL
Tel: 020 7434 4242
Fax: 020 7434 4420
inquiries@duckworth-publishers.co.uk
www.ducknet.co.uk

A catalogue record for this book is available
from the British Library

ISBN 1 85399 493 6

CONTENTS

A GUIDE TO ESSAY WRITING IN RUSSIAN

INTRODUCTION

What we mean by an Essay

Essays may be elegant expressions of thought, full of wit and personality, but for academic purposes all we want is clarity: our ideal is clear thinking expressed concisely in grammatically correct Russian.

An essay addresses a particular question; in the academic context this usually means a question set by a tutor or examiner. The question will be designed to allow answers which explore implications and examine pros and cons, rather than giving a simple yes or no: you may be asked to 'discuss' a quotation or describe effects.

Essays should not stray from the subject, but are allowed to show awareness of the broader issues if they are relevant. An essay as an answer to a question must back up any conclusions it reaches with reasoning.

For our purposes, therefore, an essay is not merely descriptive. It should make a case coherently. It should also be legible. It will then be a joy to read.

What we are looking for in an Essay

If your essay is assessed certain criteria will be applied. These will relate to both the language and the content of your essay. Besides giving credit for neatness of presentation your tutor or examiner will be hoping for correct grammar and fluency of expression in Russian and quality of content.

We assume you have a reasonable grasp of Russian grammar up to at least 'A'-level standard and have access to a reference book. This course aims to build on your prior knowledge. It offers phrases and whole sentences for you to adapt to your needs; your ability to adapt the model to express your ideas is one of the things you will be marked on. Experience tells us that the misunderstanding mostly commonly held and the one leading to the most un-Russian expressions by English-speaking students is the belief that ideas can be translated word for word.

In content we are looking for well-organised ideas: the way your ideas are laid out is as important as accuracy of language in presenting a coherent argument. It is no good having perfect grammar if the ideas are a mess: your essay will be assessed for the clarity of your thought, as reflected both in the way you express yourself, and in the way you build up your case, the order in which you choose to make your points and the effectiveness with which you conclude your essay.

Something all teachers like to see is improvement, and first efforts can sometimes be painfully unappreciated; but practice and perseverance will lead to progress and better grades - a development which will not go unmarked.

How to Write an Essay

1. Take time to work out precisely what the question is getting at;
2. Make brief notes about what you might be able to say that would be relevant to the question, grouping them under headings;
3. Make a plan of how you intend to arrange your paragraphs in order to make a logical sequence that leads to your conclusion;
4. Write it up or word-process it tidily.

The first step is crucial - working out what you think the question is getting at. An essay is not just a test of how much you know, but of how clearly you conceive the question and then express your ideas.

So, for example, a question about the ethnographic consequences of the disintegration of the USSR, or on the effects of climate on agriculture, or on the problems faced by women in a chauvinistic culture should not attempt a mere catalogue: better to perceive and formulate in your own mind the full impact of these issues on people, to state your perception in your introduction, select a small number of telling illustrations, follow them through to reveal their broader implications and significance and draw conclusions accordingly.

Similarly, an essay about the reasons for the collapse of the economy should not attempt to describe the economic system or merely chronicle the stages of the collapse; it should concentrate on making a case, backed up by examples, for whatever you consider were the reasons - historical, social, psychological, or whatever.

An essay title must not be seen as encouragement to show off your knowledge, however encyclopaedic. Better to identify one aspect of the subject and to define your approach to it in your opening paragraph. Use your introduction to clarify how you understand the question, stating your assumptions, defining your terms and identifying your objectives. This may require you to be ruthlessly selective, but it makes for a better essay (or book, for that matter) to discard irrelevant ideas. Digression is not only distracting and therefore unhelpful to your argument, but evidence to your tutor of woolly thinking. The body of your essay should contain periodic reminders as to where the essay is going; your line of argument may be obvious to you, but may not be as clear to your reader. Use your conclusion to summarise your points and, if it has been a 'pros' and 'cons' discussion, to come off the fence in favour of your preference.

Method

Each chapter of this books deals with a topic commonly encountered in set essays and projects and is divided into sections (usually three), progressing from basic generalities to specific aspects of the topics. Each section contains material suitable for a one-hour class, given some preparation.

Each section begins with a selection of words and phrases appropriate to the topic or that aspect of it being focussed on, and their uses are illustrated with sentences accompanied by translations. These are followed by a number of paragraphs or quotations under the heading of **Фа́кты для размышле́ния** (Facts for Consideration) providing some information about the topic which might be used in your essay. The translations are sometimes literal, rather than elegant, to help make the grammatical construction clear.

Finally, each section contains a few exercises intended to reinforce the vocabulary and/or constructions introduced, and each chapter ends with a guided essay, offering suggestions on what you should by then be able to say in answer to possible questions.

Grammatical forms and constructions are not specific to individual topics, but may occur in this book in connection with particular topics; this does not mean that they cannot be adapted for use with others.

This book would work best under a teacher's guidance, but if you have a reasonable grasp of Russian grammar and can understand the constructions used in the examples you should be able to make progress on your own. There is no attempt to teach grammar as such; for this we refer you to the grammars listed in the 'Bibliography'. Since translations are provided for the words and phrases used a glossary would, strictly speaking, be superfluous. Many excellent Russian dictionaries are available these days and some of these are listed, too. A short English-Russian vocabulary is provided for convenience, however, albeit with a recommendation that usage be checked in a Russian or good Russian-English dictionary if in doubt. A key to the translation exercises is also provided.

Most of the information and the illustrations used are taken from the following publications: **Аргуме́нты и фа́кты, Изве́стия, Литерату́рная газе́та, Моско́вские но́вости, Неде́ля, Но́вое вре́мя** and **Огонёк.**

Bibliography

Essay Writing
Barrass, Robert "Students Must Write: A guide to better writing in course work and examinations" Methuen, London and New York 1984.
Clanchy, John and Ballard, Brigid "How to Write Essays: A practical guide for students" Longman Cheshire, Melbourne 1993.

Hennessy, Brendan "How to Write an Essay" How To Books, Plymouth 1994.
Lewis, Roger "How to Write Essays" National Extension College Trust Ltd and Collins Educational Ltd., London 1993.

<u>Russian Grammar</u>
Offord, Derek "Modern Russian: An advanced grammar course" Bristol Classical Press, Gerald Duckworth and Co. Ltd., London 1993.
Wade, Terence "A Comprehensive Russian Grammar" Blackwell Publishers, Oxford 1992.

<u>Russian Dictionaries</u>
Гальпе́рин, И.Р. "Большо́й а́нгло-ру́сский слова́рь" Москва́ 1972, etc.
О́жегов, С.И. "Слова́рь ру́сского языка́" Москва́ 1949, etc.
"Collins Russian-English English-Russian Dictionary" ed. A. Ozieva et al.
Harper Collins Publishers, Glasgow, New York 1994.
"The Oxford English-Russian Dictionary" ed. P.S. Falla, Oxford University Press, Oxford, 1984, etc.
"The Oxford Russian-English Dictionary" ed. Marcus Wheeler, Oxford University Press, London 1972, etc., paperback 1992.

Written Russian

The written form of Russian differs from the spoken form not to the extent that they need to be learnt separately: the grammar and vocabulary are largely the same. But in usage, in the preference for certain grammatical forms over others and certain registers of vocabulary over others they differ to the point where it becomes not impossible, but inappropriate to use certain colloquial forms in the written language.

We have the same distinctions in English: the written language is not generally as casual as speech. We might say, for instance, 'we mustn't forget what this means for the farmers', or 'she must be the best sprinter we've ever had'; a journalist, on the other hand, might convey the same ideas by: 'it is important not to forget the implications of this policy for the farmers', or 'she is almost certainly the best sprinter this country has ever produced'. Heaven forbid that we should recommend that you should arm yourself with journalistic or bureaucratic clichés. But there are standard phrases which are characteristic of literary Russian, just as in English phrases like 'to draw conclusions', 'to render assistance' or 'under favourable conditions' might be preferred in the literary language to 'we can see from this', 'to give him a hand' or 'if all goes well'. To refine our knowledge of any language and attain competence in it we must be aware of such distinctions.

4

Before we start we should just remind ourselves of three points of difference between Russian and English usage, two of which are obvious only in the written language:

<u>Orthography</u>

There are significant differences in the use of capital letters between Russian and English. Apart from the days of the week, the months and nationalities (среда́, а́вгуст, францу́з - Wednesday, August, a Frenchman) Russian uses small letters for adjectives from place names:

На пари́жских у́лицах - in the streets of Paris.

В моско́вском метро́ - in the Moscow metro.

С нью-йо́ркскими знако́мыми - with New York acquaintances.

If the adjective is part of a proper name, however, it will take a capital letter while the noun which it qualifies is spelt with a small letter:

В Ло́ндонском университе́те - in London University.

С Но́вым го́дом! - happy New Year!

Во вре́мя Вели́кой Оте́чественной войны́ - during the Great Patriotic War.

Госуда́рственный Академи́ческий Большо́й теа́тр - the State Academic Bolshoi Theatre.

Apart from proper names, only first words in titles of books, films, etc., require capitals:

Рома́н «Война́ и мир» - in the novel "War and Peace".

В фи́льме «Унесённые ве́тром» - in the film "Gone with the Wind".

But 'exalted' titles require capitals throughout:

В Сове́тском Сою́зе - in the Soviet Union.

Содру́жество Незави́симых Госуда́рств - the Commonwealth of Independent States.

Punctuation

Russian punctuation is rather fussier than English, particularly in its use of commas. Note:

1) Subordinate clauses are separated from the main clause of the sentence by commas:

> Прави́тельство не зна́ло, что де́лать - the government did not know what to do.
>
> Он не зна́ет, когда́ начина́ются вы́боры - he doesn't know when the election begins.
>
> Она́ хоте́ла бы знать, почему́ он опозда́л - she would like to know why he is late.
>
> Она́ спроси́ла, прие́хали ли они́ - she asked if they had arrived.
>
> Генера́л не по́нял, с кем он име́ет де́ло - the general didn't realise whom he was dealing with.
>
> Челове́к, с бра́том кото́рого она́ учи́лась, стал банки́ром - the man whose brother she went to school with has become a banker.

2) Comparisons with чем are introduced by a comma:

> Их тео́рия интере́снее, чем на́ша - their theory is more interesting than ours

(*but:* Их тео́рия интере́снее на́шей - no comma).

> Втора́я програ́мма бо́лее содержа́тельная, чем пе́рвая - channel two is more interesting than channel one.
>
> Э́то зда́ние ме́нее пропорциона́льно, чем ста́рое - this building is less well-proportioned than the old one.

3) Phrases with gerunds or with participles following the nouns they qualify are separated from the main clause of the sentence by a comma:

> Рабо́тая над прое́ктом, инжене́р уже́ ду́мал о но́вой рабо́те - while working on the design, the engineer was already thinking about his new job.
>
> Инжене́р, рабо́тающий над прое́ктом, учи́лся в Каза́ни - the engineer working on the design used to be a student in Kazan

(*but:* рабо́тающий над прое́ктом инжене́р учи́лся в Каза́ни - *no comma*).

4) Parenthetic words and phrases are always separated from the clause in which they occur by a comma:

> Ме́стное населе́ние, ка́жется, не зна́ло о прое́кте - the local population apparently did not know about the scheme.

Коне́чно, всё зави́село от настрое́ния ме́стного населе́ния - everything depended of course on the mood of the local population.

Common parenthetic words and phrases include:

мо́жет быть 'perhaps'; наприме́р 'for example'; без сомне́ния 'without doubt'; к сожале́нию 'unfortunately'; наве́рно 'probably'; очеви́дно 'obviously'; сло́вом 'in a word'; говоря́т 'it is said'; разуме́ется 'of course'; сле́довательно 'consequently'; таки́м о́бразом 'in this way'; во-пе́рвых 'firstly'; во-вторы́х 'secondly'; наконе́ц 'finally'.

Russian word order

Word order in Russian is more 'flexible' than in English and may be varied for effect, though generally it follows the same progression from subject to verb as in English:

Че́хов написа́л пье́су в 1895г. - Chekhov wrote the play in 1895.

For emphasis the subject may be placed last:

Мы все зна́ем, что пье́су написа́л Че́хов - we all know that it was Chekhov who wrote the play.

Noticeable deviations from the word order normal in English are:

1) in negative constructions where the negative pronoun or adverb usually precedes the verb:

Я ничего́ не хочу́ - I don't want anything.

Она́ ни с кем не говори́ла - she talked to noone.

Мы никогда́ никуда́ не выхо́дим - we never go out anywhere.

2) in sentences containing an adverbial expression of time or place which does not need emphasising as the point of the statement:

В Москве́ состоя́лась встре́ча уча́стников - a meeting of those taking part took place in Moscow.

К середи́не ве́ка ожида́ется переме́на кли́мата - a change of climate is expected by the middle of the century.

3) in sentences where the direct or indirect object is a pronoun:

Его́ нашли́ в Берли́не - they found him in Berlin.

Друзья́ ему́ помога́ли (*or* друзья́ помога́ли ему́) - his friends used to help him.

BASICS

SECTION I   Basic Phraseology

I.1.   Words and phrases useful for stating your <u>Aims and Objectives</u>:
Depending on the approach you are taking you will need words and phrases expressing your intention.   If you want to be assertive use the Present tense:

Я хочу́ ...	-	I want ...; I wish ...
Я намерева́юсь ...	-	I intend ...
Я собира́юсь ...	-	I am going to ...

Alternatively, if you prefer to sound more tentative in describing your intentions, use the Subjunctive:

Я хоте́л(а) бы ...	-	I would like to ...

So you might begin:

В э́том сочине́нии *or* в да́нной рабо́те я хочу́ *or* хоте́л(а) бы/мы хоти́м *or* хоте́ли бы ...

with an Infinitive such as:

рассмотре́ть - to examine *or* описа́ть - to describe

В э́том сочине́нии мы хоте́ли бы рассмотре́ть вопро́с о религио́зном образова́нии - in this essay we would like to examine the question of religious education.

Make sure you use a Perfective Infinitive if you want/would like to do something, *i.e.* to achieve the result of doing it; after хочу́, хоти́м, хоте́л(а) бы, *etc.*, use the Perfective Infinitive: for 'to examine, consider' рассмотре́ть rather than the Imperfective, рассма́тривать.
Likewise:

for 'describe' not опи́сывать, but описа́ть

for 'discuss' not обсужда́ть, but обсуди́ть

for 'define' not определя́ть, but определи́ть

for 'stress, emphasise' not подчёркивать, but подчеркну́ть

for 'note' not отмеча́ть, but отме́тить

for 'clarify, elucidate' not выясня́ть, but вы́яснить

for 'characterise' not характеризова́ть, but охарактеризова́ть

for 'investigate, analyse, research into' use иссле́довать, which is both Imperfective and Perfective.

Alternatively you may define your aims using цель:

> Цель курсовой работы - выяснить причины безработицы - the aim of the project is to make clear the reasons for unemployment.

Again, the Perfective Infinitive shows that you intend to achieve your objective.

I.2 Phrases conveying <u>Point of View and Opinion</u> [to have any weight expressions of opinion must be supported by argument and illustrated with examples; mere statement of opinion is not enough in an essay].

Точка зрения: 'point of view', мнение: 'opinion', взгляд: 'view'

> Существует точка зрения (мнение, взгляд) - the point of view exists
>
> Существуют разные мнения *or* точки зрения *or* взгляды по этому вопросу *or* на этот вопрос - various opinions *or* points of view *or* views exist on this question
>
> Высказывать мнение (точку зрения, взгляд) - to express, state an opinion, point of view
>
> Разделять мнение (точку зрения, взгляд) - to share an opinion, point of view
>
> Придерживаться (противоположного) мнения - to hold the (opposite) opinion.

С точки зрения [+ gen.]: 'from the point of view of'

> С точки зрения правительства - from the government's point of view
>
> С английской точки зрения - from the British point of view.

По мнению *or* согласно мнению [+ gen.]: 'in the opinion of'

> По мнению экспертов - according to the experts
>
> По мнению критика - in the critic's opinion
>
> По моему мнению *or* по-моему - in my opinion
>
> *or:* На мой взгляд - in my view
>
> Согласно мнению большинства - according to the majority

Расходиться (pf разойтись) во мнении *or* во взглядах: 'to differ'

> Он расходится во мнении с другими членами партии - he disagrees with other members of the party.
>
> Его точка зрения (мнение, взгляд) расходится с нашей (нашим) - his point of view differs from ours.

I.3   Words and phrases for <u>introducing other people's statements or views</u>:

Одни́ ..., други́е ..., тре́тьи ...: 'some ..., others ..., yet others ...'

Одни́ счита́ют, что Европе́йское Соо́бщество вы́годно для всех, други́е счита́ют, что оно́ вы́годно то́лько для не́которых стран, а тре́тьи говоря́т, что эконо́мика не са́мое гла́вное - some consider that the European Community is beneficial for all, others consider it is beneficial only for some countries, while yet others say that economics are not the main thing.

Мно́гие: 'many people'

When starting a sentence use **мно́гие**:

Мно́гие говоря́т *or* мно́гие лю́ди говоря́т - many (people) say.

(Do not use **мно́го** here; use **мно́го** only when you want to suggest a lot of people together:

На у́лице бы́ло мно́го люде́й - there were a lot of people in the street *or* simply a lot: Он мно́го говори́т - he talks a lot).

Не́которые: 'some people'

Use **не́которые** in the same way that you use **мно́гие**:

Не́которые счита́ют ... - some (people) consider

or   Не́которые студе́нты счита́ют ... - some students consider.

Do not confuse **не́которые** with **не́сколько**: 'several':

Не́сколько челове́к - several people.

Не́сколько suggests that you could, if you wished, count them:

Че́рез не́сколько часо́в - after several hours

But   Че́рез не́которое вре́мя - after some time [an abstract idea.]

Большинство́, бо́льшая часть: 'The majority, most'

Большинство́ люде́й счита́ют ... - the majority of people consider, think ...

Большинство́ книг бы́ли англи́йские - most of the books were English.

But   when trying to say most of a period of time, use **бо́льшая часть**:

Бо́льшая часть вре́мени - most of the time.

I.4   Verbs expressing <u>Attitude</u>

For conveying positive attitudes use these verbs:

Соглаша́ться (pf согласи́ться) с [+ instr]: 'to agree with'

Мно́гие за́падные поли́тики соглаша́ются с измене́ниями, кото́рые сейча́с происхо́дят - many Western politicians agree with the changes which are now taking place.

Стоя́ть на стороне́ [+ gen]: 'to side with'

Большинство́ россия́н стоя́т на стороне́ рефо́рм - the majority of Russians are on the side of reforms.

Подде́рживать (pf поддержа́ть): 'to support'

Я по́лностью подде́рживаю э́ту то́чку зре́ния - I fully support this point of view.

Защища́ть (pf защити́ть): 'to defend'

Я, ли́чно, защища́ю пози́цию президе́нта - I, personally, defend the president's stand.

Отста́ивать (pf отстоя́ть): 'to stand up for, hold out for, defend'

Мно́гие респу́блики упо́рно отста́ивают свою́ пози́цию отделе́ния от Росси́и - many republics are holding out stubbornly for their stand of separation from Russia.

Убежда́ть (pf убеди́ть) [+ acc + в + prep]: 'to convince' [*someone* of *something*]

Ну́жно бы́ло убеди́ть большинство́ в справедли́вости но́вой поли́тики - it was necessary to convince the majority of the fairness of the new policy.

Утвержда́ть (pf утверди́ть): 'to assert, affirm'

Президе́нт утвержда́ет, что возвраще́ние к ста́рой систе́ме в Росси́и уже́ невозмо́жно - the President affirms that a return to the old system in Russia is no longer possible.

Подтвержда́ть (pf подтверди́ть): 'to confirm'

Неда́вние собы́тия на Кавка́зе подтверди́ли вре́дность националисти́ческой поли́тики - recent events in the Caucasus have confirmed the harmfulness of nationalistic politics.

Наста́ивать (pf настоя́ть) на [+ prep]: 'to insist on'

Населе́ние, по-пре́жнему, наста́ивает на вы́ходе из Росси́йской Федера́ции - the population as before is insisting on leaving the Russian Federation.

For conveying negative attitudes use:

Критикова́ть: 'to criticise'

> Нема́ло люде́й критику́ет поли́тику, проводи́мую прави́тельством - many people criticise the policy being pursued by the government.

Сомнева́ться в [+ prep]: 'to doubt'

> Большинство́ населе́ния сомнева́лось в вы́годности э́той поли́тики - most of the population doubted the benefit of this policy.

Подверга́ть (pf подве́ргнуть) кри́тике *or* **сомне́нию:** 'to subject to criticism *or* doubt'

> В настоя́щее вре́мя подверга́ются кри́тике (сомне́нию) мно́гие де́йствия президе́нта - at present many of the President's actions are being subjected to criticism (doubt).

Возража́ть (pf возрази́ть) про́тив [+ gen]: 'to oppose *or* object to'

> Населе́ние Кры́ма не возража́ло про́тив проведе́ния рефере́ндума - the population of the Crimea did not object to the conduct of a referendum.

Противоре́чить [+ dat]: 'to contradict'

> Де́йствия мно́гих поли́тиков противоре́чат здра́вому смы́слу - the actions of many politicians defy common sense.

Отрица́ть: 'to reject *or* deny'

> Никто́ не отрица́ет, что положе́ние в стране́ о́чень серьёзное - nobody denies that the situation in the country is very serious.

Пересма́тривать (pf пересмотре́ть): 'to reconsider, review'

> Ну́жно пересмотре́ть ме́ры безопа́сности я́дерных реа́кторов - it is necessary to review safety measures in nuclear reactors.

Отверга́ть (pf отве́ргнуть): 'to reject'

> Националисти́ческое прави́тельство отве́ргло все попы́тки разреши́ть вопро́с ми́рным путём - the nationalist government has rejected all attempts to resolve the problem by peaceful means.

Разоблача́ть (pf разоблачи́ть): 'to expose'

> В конце́ концо́в, поли́тика изоляциони́зма была́ разоблачена́, как вре́дная для всех госуда́рств бы́вшего СССР - in the end the policy of isolationism was exposed as harmful for all the states of the former USSR.

I.5   Вво́дные слова́: 'Introductory' *or* 'parenthetic words'

You have just been reminded of certain verbs which will help you to express your attitude. Here are some reminders of words and expressions to introduce or augment them:

If you want to express complete confidence in what you are writing use:
коне́чно: 'of course'; беспо́рно: indisputably; несомне́нно: 'undoubtedly'; без сомне́ния: 'without doubt'; безусло́вно: 'it goes without saying'; действи́тельно: 'indeed, in fact'; разуме́ется: 'obviously'.

If you are less confident use:
ка́жется: 'it seems'; вероя́тно: 'probably; очеви́дно: 'obviously'; возмо́жно: 'possibly'; мо́жет быть: 'may be, perhaps'; вообще́: 'in general, at all'; вообще́ говоря́: 'generally speaking'.

Expressing emotions will require from you words like:
к сча́стью: 'fortunately'; к сожале́нию/к несча́стью: 'unfortunately'; к (на́шему) удивле́нию: 'surprisingly'.

To convey the source of your information be sure to use:
по сообще́нию аге́нтства: 'according to the agency report'; по слова́м Горбачёва: 'in Gorbachev's words'; по мне́нию кри́тика: 'in the opinion of the critic'.
[These words can be replaced by corresponding sentences: как счита́ет кри́тик...]

If you are trying to sort out, compare or summarise your ideas use: во-пе́рвых: 'firstly', во-вторы́х: 'secondly', в-тре́тьих: 'thirdly'; в о́бщем: 'generally'; гла́вным о́бразом: 'mainly'; пре́жде всего́: 'first of all, mostly'; в том числе́: 'including'; с одно́й стороны́: 'on one hand', с друго́й (стороны́): 'on the other (hand)'; ита́к: 'and so'; наприме́р: 'for example'; сле́довательно: 'consequently'; зна́чит: 'that means'; наконе́ц: 'finally'; в конце́ концо́в: 'in the end'; напро́тив: 'on the contrary'; наоборо́т: 'on the contrary'; таки́м о́бразом: 'so, in this way, thus'.

If you are trying to be more specific in expressing your ideas use:
сло́вом/одни́м сло́вом: 'in a word'; други́ми/ины́ми слова́ми: 'in other words'; ина́че говоря́: 'in other words'; коро́че говоря́: 'to cut a long story short'; про́ще говоря́: 'to put it simply'; лу́чше сказа́ть: 'or rather'; так

сказа́ть: 'so to speak'; как говоря́т: 'as they say'; ска́жем: '(let's) say'; точне́е: 'to be precise'; то есть: 'that is (to say)'.

I.6.   'The main thing', 'the first thing', etc.
Remember that when you make a statement like this you have to use the neuter form of the adjective:

Гла́вное, что он написа́л, была́ его́ кни́га о Росси́и - the main thing he wrote was his book about Russia.

Пе́рвое, что он сказа́л, бы́ли слова́ о пого́де - the first thing he said were words about the weather.

Са́мое ху́дшее, что могло́ случи́ться, случи́лось - the worst thing that could happen did happen.

Лу́чшее, что он сде́лал, был его́ прое́кт но́вой Конститу́ции - the best thing he did was his new draft constitution.

Всё ска́занное не исключа́ет возмо́жности возрожде́ния культу́ры - nothing that has been said excludes the possibility of a revival of culture.

Остально́е мо́жно предположи́ть - the rest can be guessed.

I.7.   Expressions of time
Note: You can say В двадца́тые го́ды (в тридца́тые, сороковы́е, пятидеся́тые, девяно́стые го́ды) *or* в двадца́тых года́х (в сороковы́х, девяно́стых года́х): 'in the 20s (30s, 40s, 50s, 90s, *etc.*)'

Челове́к (лю́ди) шестидеся́тых годо́в - a man (people) of the 60s.

(*But:* Челове́к шестидесяти́ лет - a man of 60).

В э́том году́, в про́шлом году́, в сле́дующем (бу́дущем) году́: 'this year, last year, next year';

В (ты́сяча девятьсо́т) девяно́сто второ́м году́ - in nineteen ninety two

В двухты́сячном году́ - in the year two thousand

Пе́рвое января́ ты́сяча девятьсо́т два́дцать второ́го го́да *normally written as:* 1ое января́ 1992г. - the first of January 1992

Два́дцать пя́того декабря́ ты́сяча девятьсо́т девяно́сто четвёртого го́да *normally written as:* 25го декабря́ 1994г. - on 25th December 1994.

But: В после́днее вре́мя: 'recently, in recent times'
За после́днее вре́мя: 'over the last few weeks, months'
В на́ши дни: 'in our times'; в настоя́щее вре́мя: 'at present'
But: в про́шлом: 'in the past'; в далёком про́шлом: 'in the remote past'; в бу́дущем: 'in the future'; в ближа́йшем бу́дущем: 'in the immediate future'.

I.8.   To express <u>difficulties</u> in writing your essay or project, the following construction might be useful:

Ста́лкиваться (pf столкну́ться) с [+ instr]: 'to come up against, run into...'

Мы столкну́лись с тру́дностями в вы́боре иллюстра́ций - we have had difficulty in choosing illustrations.

Мы ча́сто ста́лкивались с препя́тствиями в получе́нии информа́ции - we often came up against obstacles in obtaining information.

I.9.   Assuming you have been <u>successful</u> you now have the opportunity to demonstrate it:

Одна́ко нам удало́сь ... - however we have succeeded in ...

Тем не ме́нее мы смогли́ ... - nevertheless we were able ...

[+ infin such as:]

собра́ть необходи́мые материа́лы - to collect the necessary material.

Тем не ме́нее мне удало́сь доби́ться отве́та на мой вопро́с - nevertheless I managed to get an answer to my question.

I.10.   Заключе́ние: '<u>Conclusion</u>'

Here are some useful phrases with which to summarise your ideas and finish off your essay:

В заключе́ние мо́жно сказа́ть (я хоте́л/хоте́ла бы сказа́ть) ... - in conclusion it is possible to say (I would like to say) ...

Мо́жно сде́лать вы́вод ... - one may draw the conclusion ...

Мо́жно обобщи́ть ... - we may generalise ...

Мо́жно уточни́ть ... - we can be precise about ...

Мо́жно подвести́ ито́ги ... - it is possible to sum up ...

Таки́м о́бразом, мо́жно сказа́ть, что ... - so we can say that ...

Ита́к, мы ви́дим, что ... and so we see, that ...

Из вышеска́занного сле́дует, что ... - it follows from the above that ...

Как мы уже́ говори́ли вы́ше ... - as we said above ...

Как говори́лось вы́ше ... - as has been said above ...

На основа́нии приведённых приме́ров мо́жно сказа́ть ... - on the basis of the examples given it is possible to say ...

Исходя́ из вышеска́занного мо́жно сде́лать вы́вод ... - proceeding from what was said above we can conclude ...

Мо́жно прийти́ к вы́воду, что ... - it is possible to come to the conclusion that ...

и так да́лее, и тому́ подо́бное, и про́чее (и т.д., и т.п., и пр.) - *etcetera (etc.)*

SECTION II   Basic features of Russian literary or written style

II.1.   'I' or 'we'?   It is perfectly normal in literary Russian to use constructions with the personal pronoun мы and the corresponding forms of наш, even if there is only one of you. So you can say *either*:

Я счита́ю *or* мы счита́ем - 'I consider' *or* 'we consider'

Я ду́маю *or* мы ду́маем - 'I think' *or* 'we think'

Я полага́ю *or* мы полага́ем - 'I suppose' *or* 'we suppose'

Я хочу́ останови́ться на пробле́ме *or* мы хоти́м останови́ться на пробле́ме - 'I wish to dwell on the question' *or* 'we wish to dwell on the question'

Я име́ю в виду́ *or* мы име́ем в виду́ [+ acc] - 'I mean' *or* 'we mean'

[Do not confuse 'to mean' = 'to have in mind' (име́ть в виду́) with 'to mean' = 'to denote' (зна́чить *or* означа́ть)].

Similarly, *either*:

По моему́ мне́нию *or* по на́шему мне́нию - in my opinion *or* in our opinion

На мой взгляд *or* на наш взгляд - in my view *or* in our view

Как мне ка́жется *or* как нам ка́жется - as it seems to me *or* as it seems to us

С мое́й то́чки зре́ния *or* с на́шей то́чки зре́ния - from my point of view *or* from our point of view.

The plural мы is both less pretentious and more authoritative than я, but you might prefer to be more impersonal and simply say:

Хоте́лось бы останови́ться на пробле́ме - it would be desirable to dwell on the question

or   Ну́жно останови́ться ... - it is necessary to dwell ...

or   Сле́дует останови́ться ... - one ought to dwell ...

or   Целесообра́зно бы́ло бы останови́ться ... - it would be consistent with our purpose to dwell ...

II.2.   The verbs явля́ться, представля́ть: 'To be'.

The verbs явля́ться and представля́ть are characteristic of the literary style at which we are aiming, and unlike the verb быть they are used in the Present tense.

Явля́ться takes the Instrumental case:

Он явля́ется кру́пным специали́стом по а́томной фи́зике - he is a major expert in atomic physics.

16

Note that the word order in written Russian often places the word in the instrumental first (the abstract, general category, not the subject itself). So you have four possibilities for the statement:
'the aim of the reforms is the raising of living standards':

Цель рефо́рм - повыше́ние у́ровня жи́зни люде́й

or Повыше́ние у́ровня жи́зни - цель рефо́рм

or Повыше́ние у́ровня жи́зни явля́ется це́лью рефо́рм

or Це́лью рефо́рм явля́ется повыше́ние у́ровня жи́зни.

The last is the model recommended for written Russian.

[*NB:* you cannot say Цель явля́ется повыше́нием ...]

Результа́том распа́да бы́вшего СССР яви́лось возникнове́ние но́вых национа́льных конфли́ктов - the result of the disintegration of the former USSR has been the appearance of new national conflicts.
Важне́йшим усло́вием успе́ха приватиза́ции явля́ется соблюде́ние сро́ков рефо́рм - the most important condition for success in privatization is observance of the time-scale for reforms.

Note these nouns which you are likely to use in the Instrumental case followed by the verb явля́ться:
пробле́ма: 'problem'; результа́т: 'result'; вопро́с: 'question'; зада́ча: 'task'; причи́на: 'cause'; цель: 'aim, purpose, objective'; сле́дствие: 'consequence'; приме́р: 'example'; часть: 'part'; исто́чник: 'source'; усло́вие: 'condition'; черта́: 'feature'.

Note also these common adjectives to accompany these words:
актуа́льный: 'pressing'; ва́жный: 'important'; гла́вный: 'main'; веду́щий: 'leading'; злободне́вный: 'topical'; ключево́й: 'key'; сло́жный: 'complex'; типи́чный: 'typical'; характе́рный: 'characteristic'; центра́льный: 'central'.

It may also be worth mentioning that in constructions with явля́ться the phrase оди́н из is often used in the instrumental:
Одно́й из са́мых серьёзных пробле́м явля́ется безрабо́тица - unemployment is one of the most serious problems.
Одни́м из са́мых ва́жных вопро́сов, на мой взгляд, явля́ется национа́льный вопро́с - one of the most important questions in my view is the ethnic problem.

Представля́ть takes the Accusative case:

    Безрабо́тица   представля́ет   большу́ю   пробле́му   для правительства - unemployment is a major problem for the government.
(*or* Большо́й пробле́мой для прави́тельства явля́ется безрабо́тица). The construction with the verb представля́ть is most often used when the complement is expressed with the words зада́ча, пробле́ма, *or* цель.

[Note other meanings of представля́ть:
Представля́ть (pf. предста́вить) себе́: 'to imagine'
    Тру́дно предста́вить себе́, что бы́ло бы, е́сли бы Горбачёв не пришёл к вла́сти - it is difficult to imagine what would have happened if Gorbachev had not come to power.
Представля́ть: 'to represent'
    Фи́рма «Прогре́сс» представля́ла на конфере́нции интере́сы Росси́и - the firm "Progress" represented Russia's interests at the conference.
    Наибо́льший интере́с представля́ет экономи́ческая рефо́рма - the economic reform represents the paramount interest.
Представля́ть собо́й *or* представля́ть из себя́ - to be, to present an image
    Что представля́ет собо́й президе́нт Росси́и? - what sort of person is the Russian president?]

II.3.   The use of <u>passive constructions</u>
Passive constructions are much more common in the literary style than in colloquial speech. The important thing to remember is that passive constructions of Imperfective verbs are usually expressed through the use of Reflexive verbs with **-ся,** and passive constructions of Perfective verbs through the use of past passive participles:
[Imperfective]
    В газе́тах печа́таются/печа́тались/бу́дут печа́таться его́ статьи́ - his articles are being/were/will be published in the newspapers.
[Perfective]
    В газе́тах напеча́таны/бы́ли напеча́таны/бу́дут напеча́таны его́ статьи́ - his articles are/have been/will be published in the newspapers.
This "rule" does not apply to a group of verbs denoting change, growth, decrease, improvement, *etc.*, where the Reflexive form should be used for both Imperfective and Perfective aspects:

Увели́чиваться (pf увели́читься) - to increase

Повыша́ться (pf повы́ситься) - to rise

> За после́дний год зарпла́та учителе́й ре́зко увели́чилась *or* повы́силась - teachers' pay has risen sharply in the last year.

Уменьша́ться (pf уме́ньшиться) - to decrease

Сокраща́ться (pf сократи́ться) - to reduce

Понижа́ться (pf пони́зиться) = снижа́ться (pf сни́зиться) - to fall, sink

> В э́том году́ в Росси́и ре́зко уме́ньшился/сократи́лся/сни́зился объём произво́дства - the volume of production has decreased/reduced/fallen sharply in Russia this year.

Уси́ливаться (pf уси́литься) - to strengthen, intensify

> В Росси́и уси́лились тенде́нции расслое́ния о́бщества - trends toward social stratification have intensified in Russia.

Улучша́ться (pf улу́чшиться) - to improve

> У́ровень жи́зни улу́чшился - the standard of living has improved.

Ухудша́ться (pf уху́дшиться) - to deteriorate

> Ре́зко уху́дшилась ситуа́ция - the situation has deteriorated sharply.

[*Note* that past passive participles of these verbs are not very common; we usually use the Reflexive verb and say:

> У́ровень жи́зни повы́сился [*rather than* у́ровень жи́зни был повы́шен] - the living standard was/has been/had been raised.]

You can avoid using Reflexive verbs only if you have a substitute: instead of ухудша́ться or сокраща́ться you can use the intransitive verbs па́дать (pf упа́сть) - to fall; instead of повыша́ться or увели́чиваться use расти́ (pf вы́расти) - to grow.

> У́ровень жи́зни па́дает (упа́л) - the standard of living is falling (has fallen).

> Растёт (вы́росла) престу́пность среди́ молодёжи - the crime rate is growing (has grown) among young people.

II.4. The use of <u>impersonal constructions</u>

Phrases such as 'it is interesting', 'it is strange' are conveyed in Russian by the neuter short form adjective (on its own): интере́сно, стра́нно; неудиви́тельно, что в стране́ растёт недово́льство - it is not surprising that discontent is growing in the country.

While in colloquial speech we tend to say говоря́т 'people say', in written Russian you will need constructions like: говори́тся (говори́лось): 'it is (was) said'.

В газéтах мнóго говори́тся о предстоя́щем съéзде - a lot is being said about the forthcoming congress in the papers.

На съéзде мнóго говори́лось о тяжёлом положéнии в странé - a lot was said at the congress about the difficult situation in the country.

Как ужé говори́лось вы́ше - as has already been said above.

Предполагáлось, что приватизáция закóнчится в ию́ле - it was assumed that privatisation would end in June.

The important thing to note is that these constructions (reflexive verbs) are used imperfectively. To express perfective meaning passive participle constructions should be used:

Бы́ло скáзано, что ... - it was stated that ...

Бы́ло предполóжено, что ... - it was assumed that ...

Other useful phrases:

счита́ется (счита́лось): 'it is (was) thought ...'

Счита́ется, что э́то нормáльно - получáть субси́дии от госудáрства

or Счита́ется нормáльным получáть субси́дии от госудáрства - it is considered (that it is) normal to receive subsidies from the state.

Как вы́яснилось (стáло я́сно) недáвно - as recently became clear.

II.5. Verbal nouns

You will often need verbal nouns (nouns formed from verbs) while writing your essay. They are very much part of the written language. So why not try to memorize a noun as well as the verb:

Пáдать (pf упáсть): падéние - to fall: a fall, drop, lowering

Вовлекáть (pf вовлéчь): вовлечéние - to involve: involvement

Вмéшиваться (pf вмешáться): вмешáтельство - to interfere: interference

Окáзывать (pf оказáть пóмощь): оказáние пóмощи - to give help: rendering assistance

Сотрýдничать: сотрýдничество - to cooperate: cooperation

Воздéйствовать: воздéйствие - to have an effect on: effect

Исслéдовать: исслéдование - to investigate: investigation, research

Выясня́ть (pf вы́яснить): выяснéние - to clarify: clarification, elucidation

Разрабáтывать (pf разрабóтать): разрабóтка - to work out: development

Создавáть (pf создáть): создáние - to create: creation

Опи́сывать (pf описáть): описáние - to describe: description

Увели́чивать(ся) (pf увели́чить(ся)): увеличéние - to increase: (noun)

Повышáть (pf повы́сить): повышéние - to raise: a rise

Уменьшáть(ся) (pf умéньшить(ся)): уменьшéние - to decrease: (noun)

Сокращáть(ся) (pf сократи́ть(ся)): сокращéние - to reduce: reduction

Понижа́ть(ся) (pf пони́зить(ся)) = снижа́ть(ся) (pf сни́зить(ся)): пониже́ние, сниже́ние - to fall, sink: fall, lowering

Уси́ливать(ся) (pf уси́лить(ся)): усиле́ние - to strengthen, intensify: intensification

Улучша́ть(ся) (pf улу́чшить(ся)): улучше́ние - to improve: improvement

Ухудша́ть(ся) (pf уху́дшить(ся)): ухудше́ние - to deteriorate: deterioration

расти́ (pf вы́расти): рост - to grow: growth.

II.6.   Abstract nouns

Literary Russian often prefers abstract nouns to concrete, nouns which in English are cumbersome and frequently avoided. In English we might say "the advantage of the new methods", whereas a Russian would use «вы́годность но́вого ме́тода» literally, the "advantageousness..." Similarly:

вре́дность: 'harm' (*literally* 'harmfulness')

изоли́рованность: 'isolation' (*literally* 'isolatedness')

образо́ванность: 'education level' (*literally* 'educatedness')

привлека́тельность: 'attraction' (*literally* 'attractiveness')

разочаро́ванность: 'disillusion' (*literally* 'disappointedness')

содержа́тельность: 'content' (*literally* 'degree of content')

напряжённость: 'tension' (*literally* 'tenseness')

убеждённость: 'conviction' (*literally* 'convincedness')

загрязнённость: 'pollution' (*literally* 'pollutedness').

II.7.   То, что (как) that which, what

This linking element is very common and appears in variety of cases:

То, что вы говори́те, заслу́живает внима́ния - what you say deserves consideration.

Я не понима́ю того́, что сейча́с происхо́дит в ми́ре - I do not understand what is happening in the world.

Всё зави́сит от того́, как мы подхо́дим к вопро́су - everything depends on how we approach the question.

По́льзуясь тем, что его́ нет, я хоте́л бы привле́чь ва́ше внима́ние к тому́, что он сказа́л в про́шлый раз - taking advantage of the fact that he is not here I would like to draw your attention to what he said last time.

Memorize these phrases:

Де́ло в том, что ... - the fact is that ...

Беда́ в том, что ... - the trouble is that ...

Пробле́ма заключа́ется в том, что ... - the problem consists in the fact that ...

Всё, что он сказа́л ... - everything he said ...

То, **что** is also useful when you are trying to convey the English preposition + -ing:

Он изве́стен тем, что выска́зывает кра́йние взгля́ды - he is well known for expressing extreme views.

Его́ обвини́ли в том, что он брал взя́тки - he was accused of taking bribes.

Он на́чал с того́, что распусти́л парла́мент - he began by dissolving parliament.

Он ко́нчил тем, что сам стал бюрокра́том - he ended up by becoming a bureaucrat himself.

Note, however, that то is not used as 'that' in expressions such as 'Russia's wealth is greater than that of Europe'; in Russia the noun, in this case 'wealth' has to be repeated: богатство России бо́льше бога́тства Евро́пы.

II.8.   Тот, кто; та, кто; те, кто

Тот, та, те behave in a similar way to **то**, - that is each will change depending on the case required in each clause:

Тот, кто говори́т так, несомне́нно, явля́ется демокра́том - the one who (anyone who, he who) talks like that is without doubt a democrat.

Та, кто сказа́ла э́то, я́вно неглу́пая де́вушка - the one who said this is clearly an intelligent girl.

Те, кто счита́ет так, по-мо́ему, типи́чные экстреми́сты - those who think like that are, in my opinion, typical extremists.

Я ду́маю о тех, кто сейча́с на войне́ - I am thinking about those who are now in the war.

Что де́лать с те́ми, кто нигде́ не рабо́тает? - what are we to do with those who are not working anywhere?

Что де́лать с те́ми, кого́ никто́ не хо́чет? - what are we to do with the ones noone wants?

[*Note*: кто takes a singular verb, even when referring to more than one person: Все, кто рабо́тает на Се́вере, мо́гут вы́йти на пе́нсию ра́но - all who work in the North can retire early].

Do not confuse кто in these constructions with **кото́рый**, which usually follows a <u>noun</u>:

челове́к, кото́рый ..., та де́вушка, кото́рая ... те лю́ди, кото́рые ... the person who ..., the girl who ..., the people ...

II.9. Participles and Gerunds

Participial (verbal adjective) and gerundal (verbal adverb) constructions are very common in the written language. Try to use them whenever possible.

Instead of: Опро́с, кото́рый провели́ неда́вно, показа́л ... - the poll which was carried out recently showed ...

write: Опро́с, проведённый неда́вно, показа́л ... - the poll carried out recently showed ...

Instead of: Города́, кото́рые нахо́дятся на Кавка́зе ... - towns which are situated in the Caucasus ...

try: Находя́щиеся на Кавка́зе города́ ... - towns situated in the Caucasus ...

Instead of: На съе́зде, кото́рый проходи́л неда́вно, обсужда́лось мно́го вопро́сов - at the congress which took place recently, many questions were discussed,

try: На проходя́щем неда́вно съе́зде ...

Instead of: Вопро́сы, кото́рые обсужда́лись на съе́зде, бы́ли первостепе́нной ва́жности - the questions which were discussed at the congress were of paramount importance

try: Обсужда́вшиеся на съе́зде вопро́сы бы́ли ...

Note that you can put your participial construction before or after the noun: обсужда́вшиеся на съе́зде вопро́сы бы́ли ... *or* вопро́сы, обсужда́вшиеся на съе́зде, бы́ли ...

Note that the Present Passive Participles (full form), hardly used in conversation, are very important in the written literary language:

Ме́ры, принима́емые для защи́ты окружа́ющей среды́, я́вно недоста́точны - the measures being taken to protect the environment are clearly inadequate.

Това́ры, ввози́мые в Росси́ю, не всегда́ высо́кого ка́чества - the goods imported into Russia are not always of high quality.

Ме́тоды, испо́льзуемые в вы́борах, весьма́ сомни́тельны - the methods used in the election are extremely dubious.

Компью́теры, поставля́емые за́падными фи́рмами, сли́шком дороги́е - the computers supplied by Western firms are too expensive.

Поли́тика, проводи́мая прави́тельством, оказа́лась неприе́млемой для Росси́и - the policy being pursued by the government has turned out to be inappropriate for Russia.

Посо́бие, получа́емое безрабо́тными, о́чень небольшо́е - the benefit received by the unemployed is very small.

Note also that unlike short-form Past Passive Participles, short-form Present Passive Participles are hardly ever used.

Try to use <u>gerundal constructions</u> as much as you can. They will improve the style of your essay:

> **Находя́сь на Кавка́зе, мы уви́дели, что ...** - being (when we were) in the Caucasus, we saw that ...
>
> **Проводя́ опро́с, мы по́няли, что ...** - in carrying out the poll, we realised that ...
>
> **Посети́в неда́вно Росси́ю, она́ пришла́ к вы́воду, что ...** - having visited Russia recently, she came to the conclusion that ...

Remember that when you try to convey the English ('without -ing') you should use the Russian gerundal construction with **не**:

> **не обраща́я внима́ния** - without paying attention
>
> **не реши́в пробле́мы** - without solving the problem
>
> **не сказа́в ни сло́ва** - without having said a word
>
> **не сде́лав ничего́** - without having done anything.

Memorize these common gerundal constructions:

> **принима́я во внима́ние** - bearing in mind
>
> **име́я в виду́** - bearing in mind
>
> **учи́тывая** - taking into consideration
>
> **по́льзуясь слу́чаем (возмо́жностью)** - using the opportunity.

II.10. Subordinate clauses

They are very much part of the written language; they can be temporal, causal, conditional, concessive etc. They are introduced by various conjunctions, simple or compound: **когда́**: 'when'; **едва́**: 'hardly'; **как то́лько**: 'as soon as'; **в то вре́мя как**: 'while'; **с тех пор как**: 'ever since'; **по ме́ре того́ как**: 'as'; **е́сли**: 'if'; **хотя́**: 'although'; **потому́ что**: 'because'; **так как** 'since (because)': **поско́льку**: 'in so far as', etc.

Pay special attention to compound conjunctions like: **пе́ред тем как ... :** 'before'

> **Пе́ред тем как прави́тельство провело́ рефо́рму цен, в пре́ссе прошла́ больша́я диску́ссия** - before the government carried out the price reforms a major debate went on in the press.

[*Note*: if the subjects are the same in the subordinate clause and the main clause, the infinitive is used:

Пе́ред тем как уйти́ в отста́вку, президе́нт произнёс речь - before resigning the president made a speech .]

по́сле того́, как: 'after'

После того́, как повы́сили це́ны, положе́ние не́которых слоёв населе́ния ста́ло о́чень тяжёлым - after prices were raised the situation became very difficult for some sections of the population.

в си́лу того́, что: 'in so far as'

В си́лу того́, что эконо́мика испы́тывает кри́зис, ста́ло необходи́мым сократи́ть госуда́рственные субси́дии - in as much as the economy is experiencing a crisis, it has become necessary to reduce state subsidies.

ме́жду тем как: 'meanwhile'

Приватиза́ция уже́ идёт по́лным хо́дом, ме́жду тем как положе́ние люде́й стано́вится всё ху́же - privatisation is already proceeding at full speed, while the situation of ordinary people is getting still worse.

несмотря́ на то, что: 'despite the fact that'

Несмотря́ на то, что зарпла́та растёт постоя́нно, жи́зненный у́ровень па́дает - despite wages increasing all the time the standard of living is falling.

благодаря́ тому́, что: 'thanks to the fact that'

Благодаря́ тому́, что прави́тельство ввело́ посо́бие по безрабо́тице, безрабо́тные не оказа́лись в безвы́ходном положе́нии - thanks to the government introducing unemployment benefit, the unemployed have not turned out to be in a hopeless position.

согла́сно тому́, что: 'according to what'

Согла́сно тому́, что сообща́ют газе́ты, не сле́дует ожида́ть больши́х переме́н - according to what the papers say we should not expect any major changes.

су́дя по тому́, что: 'judging from what'

Су́дя по тому́, что сейча́с говоря́т лю́ди, прави́тельство, навря́д ли, проде́ржится до́лго - judging by what people are saying nowadays the government probably won't last long.

в зави́симости от того́, что: 'depending on what'

В зави́симости от того́, что сде́лает президе́нт в ближа́йшее вре́мя, судьба́ Росси́и мо́жет измени́ться коренны́м о́бразом -

depending on what the president does in the immediate future Russia's destiny could be altered radically.

из-за того́, что: 'due to the fact that'

> Из-за того́, что существу́ют таки́е разногла́сия ме́жду па́ртиями, лю́ди сейча́с никому́ не ве́рят - due to the fact that there are such divisions of opinion among the parties people do not believe anyone these days.

в связи́ с тем, что: 'in connection with the fact that'

> В связи́ с тем, что положе́ние в стране́ о́чень серьёзное, бы́ло решено́ не повыша́ть це́ны на хлеб - due to the situation in the country being very serious it was decided to raise bread prices.

по сравне́нию с тем, что: 'compared to what'

> По сравне́нию с тем, что де́лается в столи́це, в прови́нции жизнь о́чень споко́йная - compared to what is happening in the capital life is very quiet in the provinces.

These compound conjunctions are especially typical of the written language. As you can see they consist of a preposition and the word то which is in the case required by the preposition. Such conjunctions can usually be replaced by using the corresponding preposition + noun (especially in colloquial speech), providing you find a suitable noun.

Instead of: В связи́ с тем, что положе́ние в стране́ серьёзное, бы́ло решено́ ... - in connection with the situation in the country being serious it was decided ...

you can say: В связи́ с серьёзным положе́нием в стране́ бы́ло решено́ ... - in connection with the serious situation in the country ...

instead of: Несмотря́ на то, что мно́гое измени́лось в стране́, мы всё ещё не мо́жем получи́ть ну́жную информа́цию - despite much having changed in the country we still cannot get the information we need.

say: Несмотря́ на мно́гие измене́ния в стране́ ... - despite the many changes in the country ...

instead of: Су́дя по тому́, что произошло́ неда́вно, мо́жно сказа́ть ... - judging by what happened recently you can say ...

say: Су́дя по после́дним собы́тиям, мо́жно сказа́ть ... - judging by recent events you can say ...

26

II.11.   Phrases with **чтóбы**

Try to revise constructions involving the use of **чтóбы**.   They are very useful both for the colloquial and the written language.   The problem of using **чтóбы** arises when there is a change in subject.   Some words like **хотéть, трéбовать, прикáзывать, предлагáть, нýжно, необходи́мо, вáжно, желáтельно, невероя́тно, нельзя́, не мóжет быть, глáвное, лýчше** will require **чтóбы** followed always by the past tense:

> **Он хóчет, чтóбы прави́тельство при́няло реше́ние о приватизáции** - he wants the government to make a decision about privatisation (*cf.* **Он хóчет приня́ть реше́ние** - he wants to make a decision).

> **Глáвное, чтóбы нé было безрабóтицы в нóвом государстве** - the main thing is that there should be no unemployment in the new state.

> **Желáтельно, чтóбы в странé сохрани́лось бесплáтное медици́нское обслýживание** - it is desirable that a free medical service be retained in the country.

> **Вáжно, чтóбы все пóняли серьёзность положéния** - it is important that everyone realise the seriousness of the situation.

Pay special attention to some verbs taking an unusual case or constructions which require **чтóбы**, especially verbs denoting purpose or desire: **Добивáться** [+ gen] will become **добивáться тогó, чтóбы**:

> **Прави́тельство ужé доби́лось тогó, чтóбы все магази́ны бы́ли приватизи́рованы** - the government has already achieved its aim of privatising all shops.

(*Alternatively:* **Прави́тельство ужé доби́лось приватизáции всех магази́нов**).

Забóтиться о [+ prep] will become **забóтиться о том, чтóбы**:

> **Государство забóтится о том, чтóбы в странé бы́ло бесплáтное медици́нское обслýживание** - the state is concerned that there should be a free medical service in the country.

Настáивать на [+ prep] will become **настáивать на том, чтóбы**:

> **Парлáмент настáивает на том, чтóбы мини́стр ушёл в отстáвку** - parliament insists on the minister resigning.

Стреми́ться к [+ dat] will become **стреми́ться к томý, чтóбы**:

> **Все стремя́тся к томý, чтóбы Росси́я былá вели́кой странóй** - all are striving to make Russia a great country.

Быть за [+ acc] will become **быть за то, чтóбы**:

> **Я за то, чтóбы э́то никогдá не повтори́лось** - I am for this never happening again.

Быть про́тив [+ gen] will become быть про́тив того́, что́бы:

Я про́тив того́, что́бы Росси́я верну́лась к ста́рой систе́ме - I am against Russia returning to the old system.

II.12. More conjunctions

You will need conjunctions to link words, phrases, sentences. Pay attention to these that belong to the literary style: как ..., так и ...: 'both .., and, so too...'

Э́ти пробле́мы характе́рны для мно́гих стран как для За́пада, так и для Восто́ка - these problems are typical for many countries, both West and East.

не то́лько ..., но и ...: 'not only ..., but also ...'

Не то́лько в города́х, но и в деревня́х сейча́с откры́лись совме́стные предприя́тия - joint enterprises have opened up not only in the towns, but also in the villages.

чем ..., тем ...: 'the more ..., the more ...'

Чем бо́льше мы бу́дем говори́ть об э́том, тем трудне́е бу́дет нам согласи́ться друг с дру́гом - the more we talk about this, the more difficult it will be for us to agree with each other.

II.13 Quotations, direct and indirect speech

We assume that you are going to quote some other authors or sources in your essay. You can do it in direct speech:

Е́льцин сказа́л: „Приватиза́ция ключ к ры́ночной эконо́мике" - Yeltsin said: "Privatization is the key to a market economy".

or: По слова́м Е́льцина (по мне́нию Е́льцина): „Приватиза́ция ключ к ры́ночной эконо́мике" - in Yeltsin's words (opinion): "Privatisation ... ".

or by replacing direct speech with indirect: Е́льцин сказа́л, что приватиза́ция ключ к ры́ночной эконо́мике - Yeltsin said that privatisation was the key to a market economy.

Verbs useful when introducing quotations or statistics: 'to introduce', bring in': приводи́ть (pf привести́)

А́втор приво́дит многочи́сленные приме́ры - the author introduces numerous examples.

'to quote': цити́ровать (pf процити́ровать)

Мо́жно процити́ровать слова́ из его́ после́дней ре́чи - one can quote the words from his latest speech.

'to refer to': ссыла́ться (pf сосла́ться)

> Мы сошлёмся то́лько на са́мые убеди́тельные приме́ры - we shall refer only to the most convincing examples.
>
> Ссыла́ясь на библиографи́ческие исто́чники, мо́жно сказа́ть ... - by referring to bibliographical sources it is possible to say ...

'to rely on, look for support from': опира́ться (pf опере́ться)

> Опира́ясь на да́нные опро́са, мо́жно прийти́ к заключе́нию ... - relying on data from the poll we can conclude ...

'to prove, show': дока́зывать (pf доказа́ть)

> Учёные дока́зывают э́то ци́фрами - scientists prove this with figures.

'to illustrate': иллюстри́ровать (pf проиллюстри́ровать)

> Мо́жно проиллюстри́ровать э́то приме́ром из о́бласти иску́сства - one can illustrate this with an example from the sphere of art.

II.14.   Projects often rely on information gathered from <u>polls</u>

Опро́с: 'poll'

> В опро́се уча́ствовало 2000 челове́к - 2000 took part in the poll.
>
> Состоя́лся *or* прошёл *or* име́л ме́сто опро́с - a poll took place.

[Do not confuse состоя́ться - to take place *with* состоя́ть из [+ gen] - to consist of *or* состоя́ть в [+ prep] - to consist in.

> Референду́м состои́тся в а́вгусте - a referendum will take place in August.

But: Парла́мент состои́т из двух пала́т - Parliament consists of two houses;

and: Пробле́ма состои́т в том, как всё э́то объясни́ть лю́дям - the problem is, how to explain everything to the people.]

Проводи́ть/провести́ опро́с *or* опра́шивать/опроси́ть: 'to poll'

> Согла́сно опро́су, проведённому неда́вно слу́жбой «Обще́ственное мне́ние», москвичи́ назва́ли ... - according to a poll carried out recently by the agency 'Obshchestvennoe mnenie', Muscovites named ...
>
> Бы́ло опро́шено 2000 челове́к - 2000 people were polled.

Опро́сник *or* опро́сный лист *or* анке́та: 'questionnaire'

> Составля́ть опро́сник - сложне́йшая зада́ча - to compile a questionnaire is a highly complex job.

Possible answers to questions: Возмо́жные отве́ты на вопро́сы:

> Да, за [+ acc], согла́сен с [+ inst] - yes, in favour, agree.
>
> Нет, про́тив [+ gen], не согла́сен - no, against, don't agree.
>
> Затрудня́юсь отве́тить (Затр. отве́тить) - I find it difficult to answer, *or* "don't know".

ГЕОГРАФИЯ GEOGRAPHY

I.   Physical geography: **физи́ческая геогра́фия**

"to be located, situated": **располага́ться** (pf **расположи́ться**, *but usually used in the imperfective in a geographical sense*)

> **Наибо́лее ва́жные индустриа́льные города́ располага́ются в за́падной ча́сти страны́** - the major industrial towns are situated in the west of the country.

or: **Кру́пные города́ располо́жены на ю́ге страны́** - the large towns are situated in the south of the country (**находи́ться** *may also be used*)

> **Го́род нахо́дится на берегу́ мо́ря** - the town is situated on the coast.

"continent": **матери́к, контине́нт**

> **На европе́йском материке́, контине́нте** - on the European continent
> **В материко́вой ча́сти Евро́пы** - in continental Europe

"island, peninsula": **о́стров, полуо́стров**

> **На о́строве Сахали́н, на Сахали́не** - on the island of Sakhalin, on Sakhalin
> **На Кры́мском полуо́строве** (*but* **в Крыму́**) - on the Crimean peninsula (in the Crimea).

"longitude, latitude": **долгота́, широта́**

> **Са́мый за́падный го́род Росси́и Псков располо́жен на два́дцать восьмо́м гра́дусе восто́чной долготы́ и на пятьдеся́т восьмо́м гра́дусе се́верной широты́** - Russia's westernmost town Pskov is situated at twenty-eight degrees (of longitude) East and at fifty-eight degrees (of latitude) North.

"to stretch, extend, spread": **простира́ться** (no pf), **раски́дываться** (pf **раски́нуться**)

> **Террито́рия Росси́и уже́ к нача́лу 18 ве́ка простира́лась от Балти́йского мо́ря на за́паде и Чёрного мо́ря на ю́ге до берего́в Се́верного Ледови́того и Ти́хого океа́нов** - by the beginning of the 18th century the territory of Russia already extended from the Baltic in the West and the Black Sea in the South to the shores of the Arctic and the Pacific Oceans.

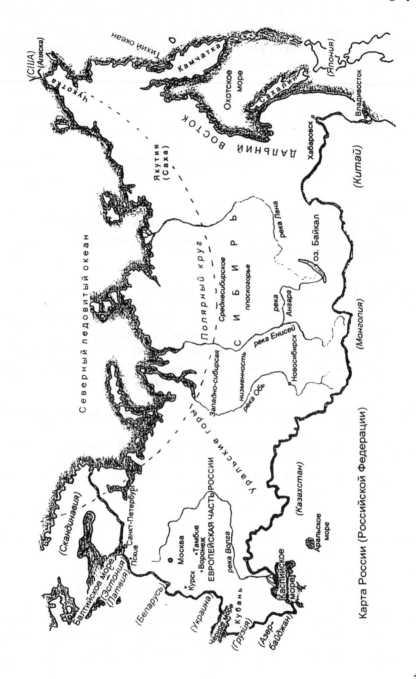

Карта России (Российской Федерации)

Материко́вая часть Росси́и раски́нулась от се́мьдесят восьмо́й до со́рок восьмо́й паралле́ли се́верной широты́ - continental Russia stretches from the seventy-eighth to the forty-eighth parallel of northern latitude.

"to stretch (in a narrow strip, in one direction)": тяну́ться (pf протяну́ться)
Вдоль побере́жья Се́верного Ледови́того океа́на тя́нется ту́ндра - the tundra extends along the coast of the Arctic Ocean.
С се́вера на юг протяну́лись Ура́льские го́ры - the Urals stretch from north to south.

"size": разме́ры
По разме́рам террито́рии Росси́я занима́ет пе́рвое ме́сто среди́ стран ми́ра - in size of territory Russia occupies first place among the countries of the world.

"distance": расстоя́ние
Расстоя́ние ме́жду Москво́й и Петербу́ргом 650 киломе́тров
or: Расстоя́ние от Москвы́ до Петербу́рга 650 киломе́тров - the distance between Moscow and St. Petersburg is 650 kilometres.
Новосиби́рск нахо́дится на расстоя́нии трёх ты́сяч пятисо́т киломе́тров от Москвы́ - Novosibirsk is situated at a distance of three thousand five hundred kilometres from Moscow.

"height, length, width, depth, area": высота́, длина́, ширина́, глубина́, пло́щадь
Го́ры высото́й две ты́сячи ме́тров - mountains two thousand metres high.
Го́ры поднима́ются на высоту́ трёх ты́сяч ме́тров - the mountains rise to a height of three thousand metres.
Река́ длино́й две ты́сячи киломе́тров, ширино́й восемьсо́т ме́тров - a river two thousand kilometres long (in length) and eight hundred metres wide.
Террито́рия пло́щадью пятьсо́т квадра́тных киломе́тров (500 кв.км.) - a territory five hundred square kilometres in area.
О́зеро окружено́ гора́ми высото́й ты́сяча ме́тров - the lake is surrounded by mountains a thousand metres high.
На огро́мных простра́нствах пло́щадью бо́лее 3 млн. кв.км. живёт всего́ о́коло 7 млн. челове́к - about seven million people in all live in vast expanses more than three million sq.km. in area.

"to reach": достига́ть (pf дости́гнуть) (+ gen)

Ширина́ реки́ Невы́ достига́ет ты́сячи трёхсо́т ме́тров - the width of the Neva reaches one thousand three hundred metres.

Глубина́ Байка́ла достига́ет ты́сячи шестисо́т ме́тров - the depth of Lake Baikal reaches one thousand six hundred metres.

"limits, boundaries": преде́лы

В преде́лах Росси́и нахо́дятся часть восто́чной Евро́пы и бо́льшая часть се́верной А́зии - part of Eastern Europe and the greater part of northern Asia are found within the boundaries of Russia.

"to divide, split": дели́ть, разделя́ть (pf раздели́ть)

Ура́льские го́ры де́лят (разделя́ют) Росси́ю на две ча́сти: европе́йскую и азиа́тскую

or: Росси́я де́лится (разделя́ется) Ура́льскими гора́ми на две ча́сти: европе́йскую и азиа́тскую - the Urals divide Russia into two parts: European and Asiatic.

"to border on": грани́чить с (+ inst)

На за́паде Росси́я грани́чит с Украи́ной, Белару́сью, на се́веро-за́паде с Норве́гией, Финля́ндией и с прибалти́йскими респу́бликами: Ла́твией, Эсто́нией, а на ю́ге с респу́бликами Закавка́зья и Сре́дней А́зии, с Кита́ем и Монго́лией - in the west Russia borders on the Ukraine and Belorussia, in the north-west on Norway, Finland and the Baltic republics of Latvia and Estonia, and in the south on the republics of Transcaucasia and Central Asia, on China and Mongolia.

"border": грани́ца

Бо́льшая часть грани́ц прихо́дится на стра́ны Бли́жнего зарубе́жья*, бы́вшие респу́блики Сове́тского Сою́за - most of the borders fall on countries of the "Near Abroad", former republics of the Soviet Union.

"access to the sea": вы́ход в мо́ре *or* к мо́рю

На восто́ке Росси́я име́ет вы́ход в Ти́хий океа́н (выхо́дит к Ти́хому океа́ну) - in the east Russia has an outlet to the Pacific Ocean.

"to lap, wash": **омыва́ть**

> Се́верный Ледови́тый океа́н омыва́ет се́верное побере́жье Росси́и

or: Се́верное побере́жье Росси́и омыва́ется Се́верным Ледови́тым океа́ном - Russia's northern coast is lapped by the Arctic Ocean.

*(**«Бли́жнее зарубе́жье»** is a phrase used to describe the former republics of the USSR without actually mentioning "USSR" or "Soviet Union")

Фа́кты для размышле́ния

1. Росси́я занима́ет 17,1 миллио́нов квадра́тных киломе́тров - э́то почти́ в се́мьдесят раз бо́льше террито́рии Великобрита́нии. Она́ охва́тывает почти́ пол земно́го ша́ра, простира́ясь с двадцати́ восьми́ гра́дусов восто́чной долготы́ к восто́ку почти́ до Аля́ски, до ста семи́десяти гра́дусов за́падной долготы́. Расстоя́ние ме́жду за́падными и восто́чными грани́цами Росси́и свы́ше 8500 км. (свы́ше восьми́ с полови́ной ты́сяч киломе́тров) - Russia covers 17.1 million square kilometres - almost seventy times more than the territory of Great Britain. It reaches almost halfway round the globe, stretching from twenty eight degrees east eastwards almost to Alaska, to one hundred and seventy degrees west. The distance between the western and eastern borders of Russia is over eight and a half thousand kilometres.

2. Сиби́рью при́нято называ́ть часть азиа́тской террито́рии Росси́и, грани́чащую на за́паде с Ура́лом, на ю́ге - с Казахста́ном, Кита́ем и Монго́лией, а на восто́ке - с хребта́ми тихоокеа́нского побере́жья. Всё, что за э́тими хребта́ми - включа́я Чуко́тку, Камча́тку, Хаба́ровский и Примо́рский края́ с Владивосто́ком, Аму́рскую о́бласть, - уже́ не Сиби́рь, а Да́льний Восто́к - it is customary to call 'Siberia' that part of Russia's Asiatic territory bordering in the west on the Urals, in the south on Kazakhstan, China and Mongolia, and in the east on the mountain ranges of the Pacific coast. Everything beyond these ranges, including Chukotka, Kamchatka, the Khabarovsk and the Primorsky districts with Vladivostok and the Amur oblast, is not Siberia any more, but Russia's 'Far East'.

3. Большинство́ рек и озёр Росси́и замерза́ет в холо́дное вре́мя го́да: на 240-250 дней на се́веро-восто́ке Сиби́ри и на 60 дней на ю́ге европе́йской ча́сти Росси́и - most of Russia's rivers and lakes freeze in the

cold part of the year: for 240-250 days in the north-east of Siberia and for 60 days in the south of the European part of Russia.

4. Все кру́пные ре́ки Сиби́ри (Обь, Енисе́й, Ле́на) теку́т на се́вер, впада́я в Се́верный Ледови́тый океа́н. Сиби́рские ре́ки, ширина́ кото́рых в не́которых места́х достига́ет 10 киломе́тров, бога́ты ры́бой и представля́ют собо́й неисчерпа́емые ресу́рсы во́дной эне́ргии. Вот почему́ и́менно здесь постро́ены крупне́йшие гидроэлектроста́нции (ГЭС) - all Siberia's major rivers (the Ob', the Enisei and the Lena) flow northwards into the Arctic. Siberian rivers which in some places reach ten kilometres in width are rich in fish and represent inexhaustible sources of water power. Hence it is here that the largest hydro-electric power stations were built.

5. О́зеро Байка́л - са́мое глубо́кое о́зеро в ми́ре. Его́ наибо́льшая глубина́ - 1637 м. Запа́сы пре́сной воды́ в о́зере - 23 ты́сячи куби́ческих киломе́тров. Это пя́тая часть всех пре́сных вод ми́ра. В Байка́л впада́ет мно́го рек, а вытека́ет одна́ река́ - Ангара́ - Lake Baikal is the deepest lake in the world. Its maximum depth is 1637 metres. The reserves of fresh water in the lake are 23 thousand cubic kilometres. That is a fifth of all the fresh water in the world. Many rivers flow into Baikal, and one - the Angara - flows out.

Answer these questions, using the information in фа́кты для размышле́ния *as well as a map:*
1. Какова́ пло́щадь Росси́и?
2. Каки́е моря́ и океа́ны омыва́ют Росси́ю?
3. На каки́х контине́нтах располо́жена Росси́я?
4. Где прохо́дит грани́ца ме́жду Евро́пой и А́зией?
5. Что тако́е Бли́жнее зарубе́жье?
6. С каки́ми госуда́рствами грани́чит Росси́я?
7. Что характе́рно для рек Сиби́ри?
8. Куда́ впада́ют ре́ки: Во́лга, Ле́на, Обь?
9. Каки́е террито́рии составля́ют Сиби́рь?
10. Что представля́ет из себя́ о́зеро Байка́л?

Now put some of these ideas together to make a coherent piece of Russian: describe Russia's location on the map of the world, stating which continents it forms part of, which countries it borders to the south, east and west, where its capital is situated, which regions make up the major part of Russia, on the shores of which seas its main ports are situated, and what its major rivers are and where they flow.

You can do something similar for Siberia, describing where it is on the map, which country it forms a major part of, saying which continent it belongs to, which countries it borders on to the south and which parts of Russia it borders on to the West and East. Say what major cities are in Siberia and which rivers they lie on.

II.   Relief, climate and natural zones: рельéф, клúмат и прирóдные зóны

"relief" (in the geographical sense): рельéф
    К востóку от Енисéя до берегóв Тúхого океáна рельéф слóжный
    - from the Enisei eastwards to the shores of the Pacific the relief is varied.

"plain": равнúна
    От зáпадной гранúцы Россúи до Урáльских гор простирáется
    Востóчно-Европéйская úли Рýсская равнúна - from Russia's
    western border to the Ural mountains stretches the East-European or
    Russian Plain.

"lowlands": нúзменность
    От Урáльских гор до рекú Енисéй раскúнулась Зáпадно-
    Сибúрская нúзменность, отличáющаяся рóвной повéрхностью -
    from the Ural mountains to the river Enisei are spread the West-Siberian
    Lowlands, distinguished by their flat surface.

"plateau": плоскогóрье
    Среднесибúрское плоскогóрье - the Central Siberian Plateau.
    В Востóчной Сибúри располагáются (располóжены, нахóдятся) и
    равнúны, и плоскогóрья, и гóры рáзной высотú - in Eastern
    Siberia can be found plains, plateaux and mountains of various height.

"mountain range": гóрный хребéт
    На ю́ге и востóке поднимáются высóкие гóрные хребтú - high
    mountain ranges rise in the south and east.
    Урáльский хребéт отделя́ет Рýсскую равнúну от Зáпадно-
    Сибúрской нúзменности - the Urals range separates the Russian Plain
    from the West-Siberian Lowlands.

36

"nature, character": приро́да

Приро́да да́нного регио́на определя́ется кли́матом - the character of a given region is determined by climate.

"soil and vegetation": по́чва и расти́тельность

Соста́в по́чвы и расти́тельность зави́сят от климати́ческих усло́вий - the composition of the soil and the vegetation depend on climatic conditions.

"tundra": ту́ндра

Ту́ндра - зо́на ску́дной расти́тельности: в ту́ндре, в основно́м, расту́т мхи и лиша́йники, нет высо́ких дере́вьев - the tundra is a zone of sparse vegetation: mainly mosses and lichens grow in the tundra; there are no tall trees.

"taiga": тайга́

В тайге́ преоблада́ют хво́йные поро́ды дере́вьев (ель, сосна́, ли́ственница) - conifers (fir, pine, larch) predominate in the taiga.

"permafrost": ве́чная мерзлота́

Для Восто́чной Сиби́ри характе́рна зо́на ве́чной мерзлоты́, где ле́том по́чва успева́ет отта́ять то́лько на не́сколько ме́тров - typical for Eastern Siberia is the permafrost zone where in summer the soil manages to melt only a few metres.

"marsh": боло́то, заболо́ченность

Бо́лее тре́ти всей пло́щади За́падной Сиби́ри занима́ют болота́ - more than a third of the whole area of Western Siberia is covered in marshes.

Си́льная заболо́ченность террито́рии кра́йне затрудня́ет прокла́дку доро́г - the marked marshiness of the territory makes road-building difficult.

"steppe": степь

Степь отлича́ется сухи́м кли́матом с жа́рким ле́том и до́лгой, малосне́жной зимо́й - the steppe is distinguished by a dry climate with a hot summer and a long winter with little snow.

"desert": пусты́ня

Кра́йний ю́го-восто́к Ру́сской равни́ны отно́сится к зо́не полупусты́нь и пусты́нь - the extreme south-east of the Russian plain relates to a zone of semi-desert and desert.

"continental climate": континента́льный кли́мат

Большо́е расстоя́ние от мо́ря обусло́вливает континента́льный кли́мат, госпо́дствующий в бо́льшей ча́сти страны́ - the great distance from the sea determines the continental climate prevailing in the greater part of the country.

На бо́льшей ча́сти Восто́чной Евро́пы распространён уме́ренный континента́льный кли́мат - over the greater part of Eastern Europe a moderate continental climate is widespread.

Для Восто́чной Сиби́ри характе́рен ре́зкий континента́льный кли́мат - a severe continental climate is characteristic for Eastern Siberia.

"temperature": температу́ра

Температу́ра зимо́й в не́которых райо́нах Восто́чной Сиби́ри иногда́ достига́ет (ми́нус) пяти́десяти гра́дусов (-50°C) моро́за, а ле́том (плюс) тридцати́ гра́дусов (+30°C) тепла́ - in some parts of Eastern Siberia the temperature sometimes reaches minus fifty degrees (reaches fifty degrees of frost), and in summer plus thirty.

При температу́ре ми́нус три́дцать де́ти не хо́дят в шко́лу - at minus thirty children are excused school.

"to turn into, to become": переходи́ть в (+ acc), сле́довать за (+ instr), сменя́ться (+ instr)

За ту́ндрой сле́дует лесоту́ндра, пото́м тайга́ (лесна́я зо́на)

or: Ту́ндра перехо́дит в лесоту́ндру, пото́м в тайгу́

or: Ту́ндра сменя́ется лесоту́ндрой, пото́м тайго́й - the tundra changes first into wooded tundra then into taiga.

Фа́кты для размышле́ния

1. Три че́тверти террито́рии Росси́и занима́ют равни́ны. Со́рок два проце́нта (42%) террито́рии покры́то леса́ми. Со́рок проце́нтов (40%) террито́рии испо́льзуют для се́льского хозя́йства. Выделя́ются три обши́рных простра́нства: Восто́чно-Европе́йская (Ру́сская равни́на, За́падно-Сиби́рская ни́зменность и Среднесиби́рское плоского́рье - three

quarters of Russian territory is covered by plains. Forty-two percent of the land is covered by forests. Forty percent of the land is used for agriculture. Three vast expanses stand out: the East-European (or Russian) Plain, the West-Siberian Lowlands and the Central Siberian Plateau.

2. На территории почти 11 млн. кв. км. в России распространена вечная мерзлота. Особенно большой мощности она достигает на северо-востоке Сибири в Якутии. Летом грунт сверху оттаивает метра на 2, но ниже остаётся мёрзлый слой, достигающий глубины 700 метров. Мерзлота почвы - злейший враг для строительства домов и дорог в Сибири. При оттаивании почвы дома оседают, дают трещины, а иногда разваливаются. Вот почему дома здесь строятся на железобетонных сваях, вбитых в неоттаивающий грунт - in Russia permafrost is spread over a territory of almost 11m. sq.km. It reaches particular severity in Yakutia in the north-east of Siberia. In summer the soil thaws down to about 2 metres, but lower down a frozen layer remains reaching a depth of 700 metres. Frozen ground is the worst enemy of house- and road-building in Siberia. On the soil's melting houses subside, crack and sometimes collapse. Hence houses here are built on reinforced-concrete piles driven into the non-thawing subsoil.

3. Климат тундры характеризуется (or отличается) суровой и долгой зимой, коротким и прохладным летом. На побережье Северного Ледовитого океана распространён арктический климат. Средняя температура самого тёплого месяца не превышает +10° - the climate in the tundra is characterised by a long, severe winter and a short, cool summer. On the Arctic coast an arctic climate is widespread. The average temperature for the warmest month does not rise above +10°.

4. Лесная зона в России делится на северную - таёжную с преобладанием хвойных пород, и южную - смешанных лесов, где наряду с хвойными встречаются и лиственные деревья: берёза, тополь, дуб. За лесной зоной следует лесостепь и степь - the forest zone in Russia is divided into northern - or taiga, with a predominance of conifers, and southern - of mixed forests where together with conifers deciduous trees such as birch, poplar and oak are encountered. After the forest zone come the wooded steppe and the steppe.

Use the information you have just acquired to answer the following questions:

1. Какие территории, резко отличающиеся по рельефу, можно выделить в России?
2. Где находятся самые высокие горы России?
3. Каковы особенности растительности зон: арктических пустынь, тундры, лесотундры и лесной зоны?
4. Какой климат преобладает в большей части России?
5. Каковы особенности такого климата?
6. Какая самая большая природная зона в России?
7. Какие хвойные деревья вы знаете?
8. Что такое вечная мерзлота?
9. Какие проблемы возникают в связи с вечной мерзлотой?
10. Где особенно много болот в России и какие проблемы создают они?

Check now what you remember by doing some exercises:

1. *Fill in the gap by choosing the right word* (занимать, отличаться, достигать, продолжаться, граничить, распространённый, замерзать)

Температура зимой ... -40 градусов. Большинство российских рек зимой ... В России ... континентальный климат. На западе Россия ... с Украиной. Русская равнина ... ровной поверхностью. В тундре зима ... 9 месяцев. Россия ... часть территории Европы и Азии.

2. *Replace one phrase by another according to the model:*
Высота гор 3000 метров → Горы высотой 3000 метров.

Ширина реки пол километра. Глубина озера 300 метров. Длина реки 1500 километров. Площадь территории 2000 кв. км. Толщина льда 4 метра. Мощность вечной мерзлоты 1000 метров.

Now try to write a coherent piece of Russian using the information and phraseology given in the last sections: Compare the climate in various parts of Russia making the point that the further east from Moscow the more pronounced the continental climate. Even Ulyanovsk on the Volga 800 kilometres east of Moscow is several degrees colder than Moscow in the winter. Say that the nature of the country is determined by the climate, that little grows in the Arctic, that some small trees begin to appear in the wooded tundra, but that where the continental climate prevails vast areas of forest extend in the north of Russia and in Siberia. Say which trees predominate in the taiga and which in the south of the forest zone. Explain that because the land is generally flat and the rivers run northwards Western Siberia is very marshy: when the ice and snows melt in the south, the north is still frozen: the water cannot flow out to the Arctic.

III. Natural resources: приро́дные ресу́рсы

Росси́я бога́та приро́дными ресу́рсами - Russia is rich in natural resources.

"deposit": месторожде́ние
В Сиби́ри располо́жены богате́йшие месторожде́ния угля́, не́фти, га́за - there are very rich deposits of coal, oil and gas in Siberia.

"mineral": поле́зное ископа́емое
В Восто́чной Сиби́ри нахо́дятся огро́мные ресу́рсы поле́зных ископа́емых - there are huge resources of minerals in Eastern Siberia.

"to possess, have at one's disposal": располага́ть (+ instr), облада́ть (+ instr)
Росси́я располага́ет (облада́ет) огро́мными лесны́ми ресу́рсами - Russia possesses vast resources of timber.

"to discover": открыва́ть (pf откры́ть), обнару́живать (pf обнару́жить), находи́ть (pf найти́)
Больши́е запа́сы не́фти бы́ли неда́вно откры́ты (обнару́жены, на́йдены) на се́вере Восто́чной Сиби́ри - large reserves of oil have recently been discovered in the north of Eastern Siberia.

"to open up": осва́ивать (pf осво́ить)
С трудо́м осва́иваются га́зовые месторожде́ния на Кра́йнем Се́вере - they are finding it difficult to open up the gas deposits in the far north.

"opening up": освое́ние
Освое́ние нефтяны́х месторжде́ний идёт о́чень бы́стро - the opening up of oil deposits is proceeding very quickly.

"to extract, mine": добыва́ть (pf добы́ть)
Тру́дно добыва́ть поле́зные ископа́емые в райо́не ве́чной мерзлоты́ - it is difficult to extract minerals in an area of permafrost.

"mining": добы́ча

Бо́льшая часть добы́чи зо́лота в стране́ прихо́дится на Да́льний Восто́к - most of the gold mining in the country comes in the Far East.

"raw materials": сырьё

Желе́зная руда́ слу́жит сырьём для разви́тия промы́шленности - iron ore serves as the raw material for industrial development.

"branch of industry": о́трасль промы́шленности

Росси́я располага́ет все́ми о́траслями тяжёлой промы́шленности - Russia has at its disposal all branches of heavy industry.

Фа́кты для размышле́ния

1. По запа́сам не́фти, приро́дного га́за Росси́я занима́ет веду́щее ме́сто в ми́ре. Росси́я снабжа́ет (обеспе́чивает) не́фтью и га́зом свою́ террито́рию и большо́е коли́чество экспорти́рует (выво́зит) в други́е стра́ны - Russia occupies a leading position in the world in reserves of oil and natural gas. Russia supplies its own territory with oil and gas and exports a large quantity to other countries.

2. Усло́вия добы́чи поле́зных ископа́емых (осо́бенно ка́менного угля́, зо́лота, алма́зов) тру́дны из-за суро́вого кли́мата и ве́чной мерзлоты́, мо́щность кото́рой превыша́ет 700 ме́тров - conditions for extracting minerals (particularly coal, gold and diamonds) are difficult because of the severe climate and permafrost, the thickness of which reaches 700 metres.

3. В связи́ с постро́йкой на кру́пных ре́ках плоти́н гидроэлектро-ста́нций образова́лись огро́мные водохрани́лища. Строи́тельство гидроэлектроста́нций, созда́ние плоти́н и образова́ние водохрани́лищ прино́сят не то́лько вы́году, но име́ют и отрица́тельные после́дствия: затопля́ются значи́тельные сельскохозя́йственные пло́щади (на Во́лге под водо́й оказа́лись 2 млн. гекта́ров земе́ль, ты́сячи дереве́нь и да́же не́которые города́), меня́ются кли́мат и расти́тельность, ухудша́ются усло́вия для прохо́да ры́бы, ка́чество воды́ - Huge reservoirs have been formed in connection with the construction of hydro-electric power-station dams on the large rivers. The building of hydro-electric power stations, the creation of dams and the formation of reservoirs bring not only benefit, but also have negative consequences: significant areas of agricultural land are drowned (on the Volga 2

million hectares of land, thousands of villages and even some towns are now under water), climate and vegetation change, conditions for the passage of fish and quality of the water deteriorate.

4. В России развиты все отрасли тяжёлой промышленности: строительная, добывающая (нефтедобывающая, газодобывающая), металлургическая, обрабатывающая (нефтеобрабатывающая, лесообрабатывающая), химическая, машиностроительная, энергетическая. Но развитие лёгкой промышленности: производство товаров широкого потребления, одежды, обуви, раньше считалось менее важным, чем развитие тяжёлой промышленности - all branches of heavy industry are developed in Russia: construction, extraction (of oil and gas), metallurgy, manufacturing (oil and timber processing), chemicals, engineering and power. However, the development of light industry - the production of consumer goods, clothing and footwear, - was previously considered less important than the development of heavy industry.

5. В последние годы развитие тяжёлой промышленности в России столкнулось с большими проблемами. Истощились запасы многих полезных ископаемых; теперь их добывают с больших глубин и худшего качества; сокращается добыча. Недостающее сырьё и топливо приходится завозить из отдалённых районов. Уменьшились и лесные ресурсы - the development of heavy industry in Russia has come up against major problems. Reserves of many minerals are exhausted; they are now being extracted from a great depth and are of poorer quality; mining is being reduced. It is necessary to bring in the missing raw materials and fuel from remote regions. The timber resources have also been reduced.

Answer the following questions:
1. Какими природными ресурсами располагает Россия?
2. Почему существуют трудности для добычи полезных ископаемых в России?
3. Какие отрасли тяжёлой и лёгкой промышленности вы знаете?
4. Где располагаются крупные промышленные районы России, и на каких минеральных ресурсах они базируются?
5. С какими проблемами приходится сталкиваться России в настоящее время?

Write short essay on the problems of Russia's industrial development. Say that Russia is rich in natural resources: coal, oil, gas, timber, gold and diamonds, almost any mineral can be found in Russia. Say that unfortunately the bulk of Russian resources are situated in remote parts of Russia where the natural conditions are very severe and problems like permafrost create many difficulties for mining. Say that Russia's industrial development was based on heavy industry which was encouraged at any price, usually at the expense of developing light industry, especially consumer goods. Say that at present Russia faces many problems. As resources are exhausted one has to go further and further north in search of new deposits. This is expensive, huge sums of money are needed to develop these remote areas, to build new roads and houses and to create new infrastructure; development will therefore be slow.

IV. Agriculture: сéльское хозя́йство

"farmer": фéрмер
> Мнóгие крестья́не в Росси́и станóвятся самостоя́тельными; мóжно сказáть, что появи́лся нóвый класс - фéрмеры - many peasants in Russia have become independent; one could say that a new class has appeared - farmers.

"agricultural production": сельскохозя́йственное произвóдство
> Сельскохозя́йственное произвóдство сосредотóчено в европéй-ской чáсти Росси́и - agricultural production is concentrated in European Russia.

"agriculture" (in the sense of working the land for growing food - not producing meat): земледéлие
> Оби́лие снéга спосóбствует земледéлию: он покрывáет и защищáет растéния от морóза - an abundance of snow assists agriculture: it covers and protects plants from frost.

"areas favourable for agriculture": райóны благоприя́тные для сéльского хозя́йства
> Наибóлее благоприя́тными райóнами для сéльского хозя́йства явля́ются чернозёмные райóны - the most favourable areas for agriculture are the black-earth areas.

"fertile soil": плодорóдная пóчва
> Для западносиби́рской лесостéпи и стéпи характéрны плодорóдные чернозёмные пóчвы - typical for the West-Siberian wooded steppe and steppe are fertile black-earth soils.

"fertility": плодоро́дие

По́чвы в чернозёмных райо́нах отлича́ются высо́ким плодоро́дием - soils in the black-earth areas are distinguished by high fertility.

"arable land": па́хотная земля́

Основно́й масси́в па́хотных земе́ль Росси́и располага́ется в преде́лах зон сте́пи и лесосте́пи, а та́кже в ю́жной ча́сти лесно́й зо́ны - the main expanse of Russia's arable lands lies in the steppe and wooded-steppe zones and also in the southern portion of the forest zone.

"cereals": зерновы́е культу́ры

В степи́ тепе́рь хорошо́ расту́т таки́е зерновы́е культу́ры, как пшени́ца, рожь - cereals like wheat and rye now grow well in the steppe.

"crop": посе́в, урожа́й

Большо́й проце́нт зерновы́х культу́р составля́ют посе́вы ячменя́ - crops of barley make up a large percentage of the cereals.

Фе́рмеры выра́щивают здесь хоро́ший урожа́й карто́феля - the farmers here grow a good crop of potatoes.

"drought": за́суха

Ю́жные и восто́чные степны́е райо́ны Росси́и страда́ют от ежего́дной за́сухи - Russia's southern and eastern steppe regions suffer from annual drought.

"animal husbandry": животново́дство

Наибо́лее распространённый вид животново́дства в Росси́и - моло́чное животново́дство - the most widespread form of animal husbandry in Russia is dairy farming.

"to feed": корми́ть (pf накорми́ть)

На Украи́не скот ко́рмят кукуру́зой - in the Ukraine they feed cattle on maize.

"hay": се́но

Зимо́й фе́рмерам нужны́ больши́е запа́сы се́на на корм скоту́ - the farmers need large stocks of hay for cattle fodder in winter.

"to graze": пасти́сь

> Из-за холо́дного кли́мата скот не мо́жет пасти́сь кру́глый год - because of the cold climate cattle cannot graze all year round.

"to breed (animals): разводи́ть (pf развести́)

> В маловодной ю́жной степи́, гла́вным о́бразом, разво́дят ове́ц - in the dry southern steppe they mainly breed sheep.

"to keep" (animals): держа́ть

> В дере́вне на ка́ждом дворе́ обяза́тельно де́ржат коро́ву, не́сколько свине́й, дома́шнюю пти́цу - in the village in every household they are bound to keep a cow, several pigs and poultry.

Фа́кты для размышле́ния

1. Огро́мные пло́щади в Росси́и занима́ют райо́ны Кра́йнего Се́вера с холо́дным кли́матом, засу́шливые сте́пи, боло́та и други́е неудо́бные для се́льского хозя́йства зе́мли, а та́кже леса́. Поэ́тому для сельскохозя́йственных нужд испо́льзуется то́лько 13% террито́рии страны́ - huge areas in Russia are taken up by regions of the Far North with a cold climate, drought-ridden steppes, marshes and other lands inconvenient for agriculture, and also forests. Therefore only 13% of the territory of the country is used for agricultural needs.

2. Из продукти́вных сельскохозя́йственных земе́ль наибо́лее плодоро́дные райо́ны - чернозёмные райо́ны Куба́ни, Тамбо́вской, Воро́нежской, Ку́рской областе́й: здесь располо́жены лу́чшие по́чвы - of the productive agricultural lands the most fertile areas are the black-earth regions of the Kuban' and of the Tambov, Voronezh and Kursk *oblast's:* the best soils are found here.

3. В се́льском хозя́йстве Росси́и за́нято 10 млн. челове́к - 14% всех рабо́тающих. Это гора́здо бо́льше, чем в стра́нах Евро́пы и США. И тем не ме́нее, оно́ пока́ не обеспе́чивает по́лностью потре́бности населе́ния в продово́льствии. Это объясня́ется ни́зкой производи́тельностью труда́ в се́льском хозя́йстве (оно́ в 3,5 ра́за ни́же, чем в США) - 10m. people are occupied in agriculture in Russia - 14% of all employed people. This is much more than in the countries of Europe and the USA. Nevertheless it still does not provide fully for the needs of the population in food.

This is explained by low labour productivity in agriculture (it is 3.5 times lower than in the USA).

4. Разнообразие природных условий сказывается на специализации сельского хозяйства. Особенности почвы, климата, рельефа влияют на местную сельскохозяйственную деятельность. При жарком и сухом лете и при малом количестве осадков земледелие в южных степях развито слабо, и земля используется, в основном, как пастбище. Климат здесь не позволяет выращивать зерновые культуры, как ячмень, кукуруза, требующие влажного климата - the variety of natural conditions influences agricultural specialisations. Characteristics of soil, climate and relief influence local farming activity. Given a hot dry summer with a low amount of rainfall arable farming is poorly developed in the southern steppes, and the land is used mainly as pasture. Sheep farming is the population's main occupation in these steppes. The climate here does not allow one to grow cereals such as barley or maize which demand a humid climate.

5. В сибирской степи сравнительно продолжительное и тёплое для Сибири лето способствовало развитию здесь земледелия. На севере же Сибири из-за холодного климата земледелие не развито, но там разводят оленей (занимаются оленеводством) - in the Siberian steppe a comparatively long and, for Siberia, warm summer has helped the development of arable farming here. In the North of Siberia however because of the cold climate arable farming is not developed, but they breed reindeer there (they go in for reindeer herding).

Answer the following questions:
1. Как влияет климат, рельеф на сельское хозяйство?
2. Какие отрасли сельского хозяйства могут развиваться на территории тундры, тайги, степи?
3. Какие районы наиболее благоприятны для сельского хозяйства и почему?
4. Где находятся чернозёмные районы?
5. Как вы можете охарактеризовать чернозёмные районы?
6. Каковы главные виды сельскохозяйственной продукции России?
7. Каковы, на ваш взгляд, положительные и отрицательные последствия строительства ГЭС на Волге?
8. Обеспечивает ли сельское хозяйство потребности населения России и почему?

Exercises:

1. *Replace active constructions with passive, e.g.:*
Ти́хий океа́н омыва́ет Росси́ю на восто́ке - Росси́я омыва́ется Ти́хим океа́ном.

Высо́кое плодоро́дие отлича́ет чернозёмные по́чвы. Ма́лое коли́чество оса́дков характеризу́ет кли́мат степе́й. Ура́льские го́ры де́лят Росси́ю на две ча́сти. Чёрное мо́ре соединя́ет Росси́ю с океа́ном.

2. *Fill in the gap by choosing the right word:* (служи́ть, добыва́ть, располага́ть, истоща́ться, месторожде́ния, веду́щий)
Лес ... сырьём для мно́гих о́траслей промы́шленности. Росси́и принадлежи́т ... ме́сто по запа́сам не́фти и га́за. Из-за суро́вого кли́мата о́чень тру́дно ... поле́зные ископа́емые. Росси́я ... все́ми о́траслями тяжёлой промы́шленности. Мно́гие приро́дные ресу́рсы сейча́с ... В Яку́тии нахо́дятся больши́е ... зо́лота.

3. *Use the short form of the past passive participle from the verb in brackets to complete the sentences, e.g.:*
Ледяна́я зо́на (расположи́ть) вдоль Се́верного Ледови́того океа́на (→ располо́жена)

В степя́х широко́ (распространи́ть) чернозёмные по́чвы. Больша́я часть террито́рии Росси́и (покры́ть) ле́сом. В степны́х райо́нах (разви́ть) земледе́лие. Ю́жные райо́ны Росси́и (удали́ть) от мо́ря на ты́сячи киломе́тров. Огро́мные месторожде́ния не́фти (найти́) в Сиби́ри. В гора́х населе́ние (заня́ть) овцево́дством. Земледе́лие (сосредото́чить) в чернозёмных райо́нах.

4. *From each pair of infinitives derive a suitable form to insert in these sentences:*
(расти́ - выра́щивать)
В степя́х фе́рмеры в основно́м ... зерновы́е культу́ры.
В тайге́ ... мно́гие хво́йные дере́вья.
(продолжа́ть - продолжа́ться)
В не́которых райо́нах Росси́и зима́ ... 6 ме́сяцев.
Несмотря́ на тру́дности Росси́я ... увели́чивать добы́чу не́фти.
(развива́ть - развива́ться)
В после́дние го́ды росси́йская промы́шленность ... ме́дленно.
Да́же на Се́вере пыта́ются ... земледе́лие.
(сокраща́ть - сокраща́ться)
В результа́те эро́зии почв ... посевны́е пло́щади.

Росси́я должна́ ... добы́чу угля́ в труднодосту́пных райо́нах.

5. *Translate into Russian:*
(1) Situated in two continents, Europe and Asia, Russia is the biggest of the republics which constitute the Commonwealth of Independent States. (2) Russia is distinguished by a wide variety of natural conditions and climate. One can find huge variations in geographical relief: in the south there are mountains which reach a height of 5000 metres, while in the east and west huge lowlands extend. (3) In some regions of Siberia the temperature reaches -70°C. It is not surprising that the area suffers from permafrost which creates difficulties in the extraction of many of its natural resources. (4) Russia is rich in natural resources. Especially well-known are its oil deposits situated in Western Siberia. New deposits have been discovered recently in Eastern Siberia. (5) Russia is an industrially developed country with a strong orientation towards heavy industry. Indeed any branch of manufacturing and mining industry can be found there. The mining of coal and iron and the industries based on them are especially well developed. (6) Agricultural production is mostly concentrated in the European part of Russia. Here a lot of the famous black-earth regions are situated. The soils are very fertile.

Write a short essay in Russian on: "The Climatic Problems of Russian Agriculture". Say that there are different problems in different regions (or that the problems in some areas differ from those in others) since the climate varies (becomes more continental the further east the area). Say that in some areas (specify which) the low average temperature and the long cold winter allow (*use* позволя́ть) people to work in the fields only about half the year. They have to keep (*use* держа́ть) their cattle indoors during the winter, which means that they also have to produce fodder for them during the summer. Say that the mud (грязь) in spring and autumn, and the snow and ice during the winter create serious problems in transporting agricultural produce over (*use* на + acc) the great distances characteristic for Russia. Say that in other areas (which?) the climate has created soil conditions and vegetation (sparse? forested?) which makes most forms of agriculture impossible. Summarise in terms of which areas (north, south, east, west or central) have the most favourable climate for agriculture.

ВОПРОСЫ ДЕМОГРАФИИ   QUESTIONS OF DEMOGRAPHY

I.   Population size: **чи́сленность населе́ния**

По чи́сленности населе́ния Росси́я занима́ет шесто́е ме́сто в ми́ре по́сле Кита́я, И́ндии, США, Индоне́зии и Брази́лии - In terms of population size Russia is sixth in the world after China, India, the USA, Indonesia and Brazil.

"to populate": **населя́ть, (pf насели́ть)**

Росси́ю населя́ет о́коло ста пяти́десяти миллио́нов челове́к, почти́ сто́лько же люде́й, ско́лько живёт во Фра́нции, Испа́нии и Великобрита́нии вме́сте - Russia is populated by about a hundred and fifty million people, almost as many as live in France, Spain and Great Britain together.

"to grow, increase": **расти́ (pf вы́расти), увели́чиваться (pf увели́читься)**

Населе́ние мно́гих африка́нских стран продолжа́ет расти́ (увели́чиваться) - the population of many African countries is continuing to grow (increase).

"growth, increase": **рост, приро́ст, увеличе́ние, повыше́ние**

Высо́кий приро́ст населе́ния наблюда́лся в не́которых среднеазиа́тских стра́нах - A high population growth has been observed in some Central Asian countries.
Рост (увеличе́ние, повыше́ние) населе́ния ми́ра - гла́вный вопро́с два́дцать пе́рвого ве́ка - the growth in world population is the main problem for the twenty-first century.

"birthrate": **рожда́емость**

Вообще́, высо́кая рожда́емость характе́рна для развива́ющихся стран - generally speaking a high birthrate is characteristic of developing countries.

"to decrease": **снижа́ться/понижа́ться (pf сни́зиться/пони́зиться), уменьша́ться (pf уме́ньшиться), сокраща́ться (pf сократи́ться), па́дать (pf упа́сть)**

Рожда́емость сни́зилась (пони́зилась, уме́ньшилась, сократи́лась, упа́ла) в результа́те акти́вного уча́стия же́нщин в эконо́мике страны́ - the birthrate has decreased as a result of women taking an active part in the country's economy.

"reduction": сниже́ние, пониже́ние, уменьше́ние, сокраще́ние, паде́ние
Не́которые счита́ют, что благодаря́ сниже́нию рожда́емости уме́ньшится пробле́ма го́лода, территориа́льных конфли́ктов, эпидеми́ческих боле́зней - some people think that thanks to a reduction of the birthrate the problem of famine, territorial conflict and epidemic disease will decrease.

"mortality, deathrate": сме́ртность
Благодаря́ прогре́ссу в медици́не ре́зко сни́зилась де́тская сме́ртность - thanks to medical progress infant mortality has decreased sharply.

"life expectancy": продолжи́тельность жи́зни
Сре́дняя продолжи́тельность жи́зни сокраща́лась в Росси́и на протяже́нии 20 лет - average life expectancy in Russia was falling for a period of 20 years.

"to conduct a census": проводи́ть (pf провести́) пе́репись
После́дняя пе́репись была́ проведена́ в 1989 году́ - the last census was conducted in 1989.

"gender structure": полово́й соста́в
Под половы́м соста́вом мы име́ем в виду́ до́лю мужчи́н и же́нщин в населе́нии страны́ - by gender structure we mean the proportion of men and women in the population of the country.

"to outnumber": чи́сленно преоблада́ть
Благодаря́ бо́лее высо́кой продолжи́тельности жи́зни же́нщины чи́сленно преоблада́ют над мужчи́нами - thanks to their greater life expectancy women outnumber men.

"age pattern": возрастно́й соста́в
Под возрастны́м соста́вом мы име́ем в виду́ до́лю люде́й ра́зных во́зрастов в да́нном о́бществе - by age pattern we mean the proportion of people of different ages in a given society.

"of working age": трудоспосо́бный

> Под экономи́чески акти́вным населе́нием экономи́сты име́ют в виду́ трудоспосо́бную часть населе́ния, кото́рая рабо́тает - by the economically active population economists mean the part of the population of working age which works.

"the elderly": пожилы́е лю́ди *or* лю́ди пенсио́нного во́зраста

> До́ля пожилы́х люде́й составля́ет 15%
>
> *or* На до́лю пожилы́х лю́дей прихо́дится 15% - the proportion of elderly comes to 20%.

"to age": старе́ть

> Согла́сно после́дней пе́реписи населе́ние Росси́и старе́ет, то есть число́ пожилы́х люде́й ста́ло преоблада́ть над молоды́ми - according to the latest census the population of Russia is aging, *i.e.* the number of elderly people is beginning to outnumber the young.

Фа́кты для размышле́ния

1. Же́нщины составля́ют 53%, а мужчи́ны - 47% всего́ населе́ния Росси́и. Тако́е соотноше́ние мужчи́н и же́нщин свя́зано с разли́чием в продолжи́тельности жи́зни ме́жду ни́ми. Е́сли продолжи́тельность жи́зни мужчи́н Росси́и согла́сно пе́реписи в 1989 году́ была́ 65 лет, то же́нщин на 10 лет бо́льше - 75 лет - women constitute 53% and men 47% of the total population of Russia. This correlation of men and women is connected to the difference between them in life expectancy. While the life expectancy of men according to the census in 1989 in Russia was 65 years, that of women was 10 years more - 75.

2. В ра́звитых стра́нах до́ля дете́й во всём населе́нии составля́ет в сре́днем 23%, а пожилы́х люде́й 15%, а в развива́ющихся стра́нах соотве́тственно 43% и 6% - in developed countries children constitute on average 23% of the total population and the elderly 15%, while in the developing countries the proportions are 43% and 6% respectively.

3. Демографи́ческая ситуа́ция в Росси́и кра́йне неблагополу́чна. Мо́жно да́же говори́ть о её кри́зисном состоя́нии. На́чавшееся в шестидеся́тые го́ды сокраще́ние чи́сленности населе́ния охва́тывает всё бо́льшее коли́чество террито́рий. В 1992 году́ есте́ственное

сокращéние населéния отмечáлось на 44 территóриях Росси́и, а в 1993 году́ - ужé в 68 из 79 росси́йских регио́нов. Э́то результáт пониже́ния рождáемости при неусто́йчивой обще́ственной ситуáции и повыше́ния сме́ртности при распáде систе́мы здравоохране́ния - the demographic position in Russia is extremely bad. One can even talk about a critical state. The fall in population figures which began in the sixties is embracing an ever larger number of territories. In 1992 a natural fall in population was being noted in 44 territories in Russia, while in 1993 it was already 68 out of the 79 Russian regions. This was a result of the lowering of the birthrate in the unstable social situation and of a rise in mortality with the collapse of the health service.

4. В Росси́и показáтель де́тской сме́ртности в 5 раз превышáет показáтели США, Япо́нии и други́х рáзвитых стран. Ре́зко увели́чилась сме́ртность среди́ пожилы́х люде́й, и осо́бенно среди́ мужчи́н трудоспосо́бного во́зраста. В результáте за послéдние два го́да впервы́е сме́ртность превы́сила рождáемость - in Russia the figure for infant mortality is 5 times higher than the figures for the USA, Japan and other developed countries. Mortality among the elderly has increased sharply, and particularly among men of working age. As a result over the last two years mortality has exceeded the birthrate for the first time.

Answer the following questions:
1. Каково́ соотноше́ние мужчи́н и же́нщин в Росси́и?
2. Како́в возрастно́й состáв населéния Росси́и?
3. Есть ли в Росси́и пробле́ма старе́ния населéния?
4. Как влияет экономи́ческая ситуáция в Росси́и на структу́ру населéния?
5. Каковá чи́сленность населéния Росси́и по послéдней пе́реписи?

II.   Population distribution: **распределéние населéния**

"to be distributed": **размещáться** (pf **размести́ться**) *or* **распределяться** (pf **распредели́ться**)

> Населéние размещáется (*or* распределя́ется) крáйне неравноме́рно - the population is distributed extremely unevenly.

"densely populated": **густонаселённый**

> Густонаселённые райо́ны в основно́м располагáются в европе́йской чáсти Росси́и, малонаселённые на Крáйнем Се́вере,

53

в Сиби́ри, на Да́льнем Восто́ке - the densely populated areas are mainly situated in the European part of Russia, and the thinly populated in the Far North, in Siberia and in the Far East.

"to concentrate": сосредото́чивать (pf сосредото́чить) *or* концентри́ровать (pf сконцентри́ровать)

Населе́ние сосредото́чено (сконцентри́ровано) в города́х в европе́йской ча́сти Росси́и - the population is concentrated in towns in the European part of Russia.

"concentration": концентра́ция

Концентра́ция населе́ния в больши́х города́х объясня́ется не то́лько экономи́ческими причи́нами - concentration of the population in big towns is explained not only by economic reasons.

"migration": мигра́ция

Мигра́ция вызыва́ется спро́сом на дешёвую рабо́чую си́лу - migration is prompted by demand for a cheap work force.

Одна́ из причи́н трудово́й мигра́ции - большо́й разры́в в у́ровнях жи́зни и за́работной пла́ты ме́жду экономи́чески ра́звитыми и развива́ющимися стра́нами - one of the reasons for labour migration is the large gap in living standards and wages between the economically developed and developing countries.

"town dweller": горожа́нин (pl горожа́не) *or* городско́й жи́тель

Мно́гие горожа́не (*or* городски́е жи́тели) тепе́рь предпочита́ют жить не в це́нтрах больши́х городо́в, а в при́городах и́ли в се́льских ме́стностях - many townspeople now prefer to live not in the centres of large cities, but in the suburbs or in country areas.

"rural population": се́льское населе́ние *or* се́льские жи́тели

Ма́ссовая мигра́ция се́льского населе́ния (*or* се́льских жи́телей) в города́ в 30 го́ды объясня́лась не то́лько потре́бностями городо́в в рабо́тниках, но и тяжёлым материа́льным положе́нием крестья́нства, осо́бенно в пери́од коллективиза́ции - the mass migration of the rural population into the towns in the 30s was explained not only by the needs of the towns for workers, but also by the hard material situation of the peasantry, specially in the period of collectivisation.

"urbanization": урбаниза́ция

Хорошо́ изве́стно, что урбаниза́ция ока́зывает влия́ние на чи́сленность населе́ния, так как коли́чество дете́й в городски́х се́мьях намно́го ме́ньше, чем в се́льских - it is known that urbanisation influences population numbers since the number of children in urban families is much lower than in rural ones.

"to move, resettle": переселя́ться (pf пересели́ться)

Из-за тру́дных усло́вий в города́х часть городско́го населе́ния переселя́ется в се́льские ме́стности - due to difficult conditions in the towns part of the urban population is moving to the countryside.

"resettlement, population movement": переселе́ние

Ма́ссовые переселе́ния из госуда́рств Приба́лтики в Росси́ю маловероя́тны - mass population movements from the Baltic states to Russia are not very likely.

"evacuee": переселе́нец

Населе́ние Росси́и пополня́ется, пре́жде всего́, русскоязы́чными переселе́нцами из райо́нов Сре́дней А́зии, Закавка́зья и Казахста́на - the Russian population is being increased most by Russian-speaking evacuees from areas of Central Asia, Transcaucasia and Kazakhstan.

"refugee": бе́женец

Наибо́льшего прито́ка бе́женцев сле́дует ожида́ть из Сре́дней А́зии - the greatest influx of refugees is to be expected from Central Asia.

"brain drain": уте́чка мозго́в (*or* умо́в)

За после́днее вре́мя в Росси́и появи́лась но́вая фо́рма мигра́ции - уте́чка мозго́в, возни́кшая при появле́нии безрабо́тицы среди́ учёных - a new form of migration has appeared in Russia recently: the brain drain which has emerged with the appearance of unemployment among scientists.

"gene pool": генофо́нд

Ру́сские беспоко́ятся, что паде́ние рожда́емости в Росси́и ведёт к сокраще́нию генофо́нда - то есть, разнообра́зия и жизнеспосо́бности ген - Russians are worried that the fall in birthrate is leading to a reduction of their gene pool, that is, the variety and viability of their genes.

Россияне - население Российской Федерации по переписи 1989 года:		
	общая численность	процент населения
русские	119.900.000 человек	81,5%
татары	5.500.000 человек	3,8%
украинцы	4.400.000 человек	3,0%
чуваши	1.800.000 человек	1,2%
башкиры	1.300.000 человек	0,9%
белорусы	1.200.000 человек	0,8%
евреи	536.800 человек	0,36%

В Российской Федерации представлено около ста народностей; у россиянина, гражданина России, кроме гражданства отмечается в паспорте и национальность.

Население республик Средней Азии по переписи 1989 года:		
	общая численность	процент русских в ней
Узбекистан	19.900:000 человек	8.3%
Казахстан	16.500.000 человек	37.8%
Таджикистан	5.100.000 человек	2.0% (?)
Кыргызстан	4.250.000 человек	21.5%
Туркменистан	3.500.000 человек	9.8%

Значительное число русских, проживающих в Средней Азии, вынуждено по экономическим соображениям эмигрировать в Россию.

Фа́кты для размышле́ния

1. Неда́вно прави́тельство Росси́и при́няло «Межве́домственную програ́мму мер по урегули́рованию мигра́ции нау́чно-техни́ческих ка́дров». Оно́ обеспоко́ено появле́нием тако́го явле́ния как уте́чка умо́в. По да́нным иссле́дований Росси́йской акаде́мии нау́к, за 1991-1992 гг. из её учрежде́ний на постоя́нное жи́тельство из страны́ вы́ехали 508 нау́чных рабо́тников, а в дли́тельные командиро́вки - 1701 челове́к. А за 1993 год нау́чная о́трасль потеря́ла о́коло че́тверти рабо́тников. Причи́на - кра́йне тяжёлое материа́льное положе́ние учёных по сравне́нию с ра́звитыми стра́нами - the Russian government recently ratified an "Interdepartmental programme of measures for controlling the emigration of scientific and technical personnel". It is worried by the appearance of a phenomenon like the brain drain. According to research data from the Russian Academy of Sciences 508 scientists from its institutions left the country permanently in the period 1991-1992, and 1701 on long-term official visits. And in 1993 the scientific establishment lost about a quarter of its employees. The reason is the extremely arduous material situation for scientists compared to the developed countries.

2. 74% всего́ населе́ния Росси́и прожива́ет в города́х. Се́льское населе́ние Росси́и составля́ет 26% всего́ населе́ния. В настоя́щее вре́мя в Росси́и 13 городо́в с населе́нием свы́ше миллио́на челове́к и 20 городо́в с населе́нием от 500 тыс. до 1 млн. челове́к - 74% of Russia's total population live in towns. The rural population constitutes 26% of the total population. At present there are 13 towns in Russia with a population of over a million and 20 towns with a population of from 500,000 to 1m.

3. В 1992 году́ в Росси́и впервы́е уме́ньшилось число́ горожа́н, почти́ на 700 ты́сяч (!), а сельча́н ста́ло на 625 ты́сяч бо́льше. Горожа́не переезжа́ют в село́, и́бо там ле́гче вы́жить. Столь ре́зкая у́быль городско́го населе́ния объясня́ется ещё и необы́чным для высоко́ урбанизи́рованных стран явле́нием: поселе́ния, ра́нее относи́вшиеся к городски́м, сего́дня ста́ли добива́ться ста́туса села́ - in 1992 for the first time the number of town dwellers in Russian decreased, by almost 700,000(!), while 625,000 more villagers appeared. Town dwellers are moving to the village since it is easier to survive there. So sharp a fall in urban population is explained by a phenomenon as yet unusual for highly urbanised countries: settlements, previously categorised as urban, have now begun to acquire the status of village.

4. Поток русскоязычных иммигрантов из Ближнего зарубежья увеличивает население России. Но экономических и социальных проблем в таком приросте куда больше, чем демографических плюсов. Сотни тысяч переселенцев в Россию остро нуждаются в трудоустройстве, в жилье, в медицинском и социальном обеспечении - the influx of Rusian-speaking immigrants from the former Soviet republics is boosting Russia's population. But there are far more economic and social problems than demographic advantages in this increase. Hundreds of thousands of evacuees to Russia are in acute need of employment, housing, medical and social provision.

Answer the following questions:
1. Что вызвало рост городского населения в России?
2. Как изменилось соотношение городского и сельского населения за советские годы?
3. Что влияет на миграцию населения в России?
4. Какие новые виды миграции населения появились в России?
5. Возможна ли обратная миграция населения (из городов в сельскую местность) в России?

Write a short essay on either: "The Problems of Depopulation of the Countryside in Russia". Say that in Russia, as in other developed countries, many people especially the young, migrate from the villages to the towns. Life in the towns is more interesting, the standard of living is higher, wages are usually higher, the opportunities for education are greater for themselves and their children, the opportunities for work more varied. This means that sometimes only elderly people remain in the villages, and when they die the village dies. Agriculture therefore declines. Say that the trend has reversed recently and decide whether this will solve the problem.

or: examine the new forms of migration in Russia since the collapse of the former USSR. Two trends have appeared in Russia: on the one hand the Russian-speaking population of the former Soviet republics is moving to Russia creating various social problems. Refugees from Central Asia and the Caucasus have to be provided with food, housing and jobs. Since most of these people are town-dwellers they are reluctant to move to the countryside preferring to stay in the already over-populated cities and creating further problems. On the other hand a new form of migration has appeared: a brain drain in which the best scientists, usually highly professional people, leave Russia in search of a better life, job opportunities etc. Russians believe that this threatens the future of Russia through reduction of its gene pool.

III.   The problem of overpopulation: проблéма перенаселéния

Под эгѝдой ООН состоя́лась междунарóдная конферéнция, посвящённая проблéмам перенаселéния - a conference devoted to the problems of overpopulation took place under the aegis of the UN.

"to   pursue   a   demographic   policy": проводѝть   (pf   провестѝ) демографѝческую полѝтику
Проводѝть   демографѝческую   полѝтику   знáчит   проводѝть полѝтику,   напрáвленную   на   повышéние   ѝли   снижéние рождáемости - to put a demographic policy into effect means to pursue a policy directed at increasing or lowering the birthrate.

Демографѝческий взрыв
Рост населéния Земли

(дáнные ООН)

"population explosion": **демографи́ческий взрыв**

В связи́ с бы́стрым ро́стом населе́ния демо́графы ста́ли употребля́ть выраже́ние «демографи́ческий взрыв» - in connection with rapid population growth demographers have started to use the expression "population explosion".

"family planning": **плани́рование семьи́**

Индия пе́рвой из развива́ющихся стран приняла́ национа́льную програ́мму плани́рования семьи́ в ка́честве официа́льной госуда́рственной поли́тики - India was the first of the developing countires to accept a national programme of family planning as official state policy.

"contraception": **противозача́точное сре́дство**

По религио́зным причи́нам в не́которых стра́нах запреща́ется употребле́ние противозача́точных средств - the use of contraceptives is banned in some countries on religious grounds.

"large family": **многоде́тная семья́**

Рост чи́сленности же́нщин, за́нятых в наро́дном хозя́йстве, был ва́жной причи́ной сниже́ния рожда́емости и перехо́да от многоде́тной к малоде́тной семье́ - the growth in the number of women employed in the economy was a major reason for the reduction in birthrate and the switch from large to small families.

"renewal of population": **воспроизво́дство населе́ния**

В не́которых стра́нах Содру́жества сложи́вшийся у́ровень рожда́емости не обеспе́чивает да́же просто́го воспроизво́дства населе́ния - in some Commonwealth countries the present birth rate does not provide even straightfoward renewal of the population.

Фа́кты для размышле́ния

1. Демографи́ческая поли́тика - э́то систе́ма администрати́вных, экономи́ческих, пропаганди́стских и други́х мероприя́тий, с по́мощью кото́рых госуда́рство возде́йствует на чи́сленность населе́ния (пре́жде всего́ на рожда́емость) в жела́тельном для себя́ направле́нии. Направле́ние демографи́ческой поли́тики зави́сит, пре́жде всего́, от демографи́ческой ситуа́ции в стране́ - demographic policy is a system of

administrative, economic, propagandistic and other measures with the help of which the state influences population size (in the first instance birthrate) in the desired direction. The direction of the demographic policy depends primarily on the demographic situation in the country.

2. Мы должны́ призна́ть необходи́мость ограниче́ния ро́ста населе́ния. В не́которых стра́нах уже́ на́чался демографи́ческий взрыв. Но под влия́нием тради́ции и рели́гии населе́ние во мно́гих развива́ющихся стра́нах сопротивля́ется демографи́ческой поли́тике плани́рования семьи́ и испо́льзования противозача́точных средств - we need to recognise the need to limit population growth. In some countries the population explosion has already begun. But under the influence of tradition and religion the people in many developing countries are resisting a demographic policy of family planning or the use of birth control.

3. В Кита́е прово́дится демографи́ческая поли́тика. Основно́й деви́з э́той поли́тики: «Одна́ семья́ - оди́н ребёнок». Устано́влен бо́лее по́здний во́зраст для вступле́ния в брак (21 год для же́нщины, 25 лет для мужчи́ны). В пери́од учёбы в институ́те бра́ки, как пра́вило, не разреша́ются. Да́же по́сле бра́ка на рожде́ние ребёнка ну́жно получи́ть разреше́ние ме́стных власте́й - a demographic policy is being pursued in China. The basic slogan of this policy is "One family - one child". A higher age has been set for getting married (21 for a woman, 25 for a man). Marriages are not as a rule allowed during a student's period at college. Even after marriage it is necessary to obtain the local authorities' permission to have a child.

4. Основна́я цель росси́йской демографи́ческой поли́тики в ны́нешних усло́виях - обеспе́чить у́ровень просто́го воспроизво́дства населе́ния. Э́то зна́чит, что ну́жно име́ть 215-220 рожде́ний на 100 же́нщин, мо́гущих име́ть дете́й. Нужны́ се́мьи с тремя́-четырьмя́ детьми́, кото́рые бы компенси́ровали безде́тные и малоде́тные се́мьи - the fundamental aim of Russian demographic policy in the present conditions is to secure the level of simple renewal of the population. This means that it is necessary to have 215-220 births for every 100 women able to bear children. Families with three or four children are needed who would compensate for childless families or those with few children.

5. Конфере́нция ООН по народонаселе́нию и разви́тию, состоя́вшаяся в Ка́ире, вы́явила огро́мный разры́в ме́жду Се́вером (ра́звитыми стра́нами) и Ю́гом (стра́нами развива́ющимися). Религио́зные фундаментали́сты как от исла́ма, так и от Ватика́на гото́вы бы́ли именова́ть конфере́нцию «агре́ссией За́пада про́тив традицио́нного о́браза жи́зни населе́ния развива́ющихся стран». А большинство́ представи́телей ра́звитых стран рассма́тривали конфере́нцию как «шаг к спасе́нию плане́ты от грозя́щего ей перенаселе́ния, к утвержде́нию прав и свобо́д челове́ка» - a UN conference on population and development which took place in Cairo revealed a huge gap between the North (the developed countries) and the South (the developing countries). Religious fundamentalists belonging to both Islam and the Vatican were prepared to call the conference "Western agression against the traditional way of life of the population of developing countries". While the majority of representatives of the developed countries saw the conference as "a step towards saving the planet from the overpopulation which threatens it and towards asserting the rights and freedoms of man".

6. Перенаселе́ние плане́ты - экологи́ческая пробле́ма но́мер оди́н. Демографи́ческий взрыв ста́вит под угро́зу выжива́ние ви́дов, в том числе́ выжива́ние челове́ка. Одна́ко «зелёные» пе́рвыми обрати́ли внима́ние на то, что оди́н америка́нец потребля́ет сто́лько же, ско́лько деся́тки инде́йцев и́ли индонези́йцев. Вы́вод: уба́вить на́до не коли́чество люде́й, а их потреби́тельские аппети́ты - overpopulation of the planet is ecological problem number one. The population explosion puts the survival of the species under threat, including man's survival. However the "greens" were the first to point out that one American consumes as much as dozens of Indians or Indonesians. The conclusion is that we must reduce not the number of people but their appetite as consumers.

Answer the following questions:
1. Что тако́е демографи́ческая поли́тика?
2. Почему́ нужна́ демографи́ческая поли́тика?
3. Како́й должна́ быть демографи́ческая поли́тика в ра́звитых и развива́ющихся стра́нах?
4. Что вы зна́ете о демографи́ческой поли́тике Кита́я?
5. Каку́ю демографи́ческую поли́тику должна́ проводи́ть, по ва́шему мне́нию, Росси́я?

Exercises:

1. *Form nouns from the verbs in these sentences to form noun phrases according to the model, e.g.:*
Ýровень жи́зни па́дает → Паде́ние у́ровня жи́зни.

Де́тская сме́ртность увели́чивается. Сре́дняя продолжи́тельность жи́зни уменьша́ется. Рожда́емость сокраща́ется. Населе́ние растёт. Зарпла́та повыша́ется. Приро́ст населе́ния снижа́ется. Програ́мма осуществля́ется.

2. *Practise forming Past Active Participles; they could be useful in your essay:*
(Model: Начало́сь сокраще́ние рожда́емости → Нача́вшееся сокраще́ние рожда́емости).
Сни́зился приро́ст населе́ния. Повы́силась сре́дняя продолжи́тель-ность жи́зни. Ре́зко упа́л у́ровень жи́зни. Сократи́лось число́ многоде́тных семе́й.

3. *Replace the synonyms:*
влия́ть на (+ acc) → отража́ться на (+ prep)
Урбаниза́ция влия́ет на рост населе́ния. Паде́ние у́ровня жи́зни влия́ет на рожда́емость.

регули́ровать → управля́ть (+ inst)
В Кита́е успе́шно регули́руют проце́сс рожда́емости. В А́фрике пыта́ются регули́ровать рост населе́ния.

появля́ться (pf появи́ться) → возника́ть (pf возни́кнуть)
В Росси́и появи́лась безрабо́тица. Появля́ется но́вая фо́рма мигра́ции - уте́чка мозго́в.

появле́ние → возникнове́ние
Появле́ние уте́чки мозго́в создаёт опа́сность для росси́йского генофо́нда. С появле́нием трудово́й мигра́ции возни́кло мно́го пробле́м.

4. *Form the Past Passive Participle and decide whether it should be short or long:*
Населе́ние, (сосредото́чить) в больши́х города́х, столкну́лось с пробле́мой безрабо́тицы. Сиби́рь всё ещё (засели́ть) ма́ло. Се́верные райо́ны, (осво́ить) неда́вно, оказа́лись в трудне́йшем положе́нии. Населе́ние Восто́чной Сиби́ри (сконцентри́ровать) в города́х. Мно́гие стра́ны уже́ прово́дят поли́тику, (напра́вить) на сокраще́ние рожда́емости. Бы́стрый рост населе́ния (связа́ть) с увеличе́нием рожда́емости.

Translate into Russian:
(1) According to the recent census the population of Britain comprises 70 million people. (2) The demographic situation in Russia is very serious: the birthrate is on the decline, life expectancy is falling and infant mortality exceeds that of the developed countries. (3) There is a new tendency in the world: a gradual reduction of birthrate has begun in many countries with the exception of Africa. (4) In most European countries the number of women is higher than the number of men. That could be explained by the fact women's life expectancy is several years higher than men's. (5) The migration of the rural population to the towns is an important factor in the reduction of the total population: town dwellers have smaller families. (6) The aging of the population and the increase in the number of pensioners is a modern phenomenon characteristic of European countries. (7) The brain drain which has spread recently in Russia creates a real danger for the future of the Russian population and its gene pool. (8) Demographers are worried by the rapid growth of population in the developing countries of Africa and Asia.

Write a short essay on "The Seriousness of the Demographic Situation in Russia": the birthrate is falling, mortality is on the increase and life expectancy continues to fall. Say that the demographic crisis in Russia cannot be explained only by the recent economic collapse: the low birthrate could be the result of USSR's economic policy of full employment of women. Say that in order to stop the decline in the Russian population a demographic policy is needed. But since Russia now has a more democratic system of government a totalitarian demographic policy cannot be carried out. Suggest how Russia can overcome her demographic crisis. Point out Russia's differences as well as her similarities with Western countries as far as demographic trends are concerned.

НАЦИОНАЛЬНЫЙ ВОПРОС   THE NATIONALITY PROBLEM

I. "Nation, nationality": на́ция, национа́льность

Ру́сская на́ция формирова́лась на протяже́нии мно́гих веко́в - the Russian nation was formed over many centuries.

На террито́рии Росси́и прожива́ет бо́льше 130 национа́льностей - over 130 nationalities live in Russia.

"multiracial state": многонациона́льное госуда́рство

Росси́я - я́ркий приме́р многонациона́льного госуда́рства - Russia is a clear example of a multiracial state.

В многонациона́льном о́бществе ча́сто возника́ет национа́льный вопро́с - the problem of nationality often arises in a multiracial society.

"minority nationality": национа́льное меньшинство́ *or* ма́лый наро́д *or* ма́лая наро́дность

Мно́гие национа́льные меньши́нства (ма́лые наро́ды) Росси́и име́ют свою́ автоно́мию - many minority nationalities in Russia have self-rule.

Национа́льный вопро́с порожда́ется существова́нием в ра́мках одного́ национа́льного госуда́рства ра́зных наро́дностей и́ли групп ма́лых национа́льностей - the ethnic problem is generated by the existence within the framework of a single state of different nationalities or groups of minority nationalities.

"native inhabitant": коренно́й жи́тель

В на́ше вре́мя вряд ли существу́ют госуда́рства одни́х коренны́х жи́телей - there can hardly be any states nowadays made up only of native inhabitants.

"to discriminate": подверга́ть (pf подве́ргнуть) дискримина́ции

Тепе́рь во мно́гих респу́бликах бы́вшего СССР русскоязы́чное меньшинство́ подверга́ется дискримина́ции - in many republics of the former USSR the Russian-speaking minority is now being subjected to discrimination.

"discriminatory": дискриминацио́нный

В но́вых госуда́рствах принима́ются дискриминацио́нные зако́ны о гражда́нстве - discriminatory laws on citizenship are being passed in the new states.

"to limit, restrict, squeeze": ущемля́ть (pf ущеми́ть)

Права́ ру́сских в респу́бликах бы́вшего СССР значи́тельно ущемля́ются - the rights of Russians in the republics of the former USSR are being considerably restricted.

Мно́гие ру́сские чу́вствуют себя́ ущемлёнными в Литве́ - many Russians feel themselves restricted in Lithuania.

"limitation, restriction": ущемле́ние

Ущемле́ние прав други́х наро́дов неизбе́жно ведёт к национа́льным конфли́ктам - the restriction of other nationalities' rights leads inevitably to ethnic conflict.

"independence": незави́симость, самостоя́тельность

Официа́льно 25 декабря́ 1991 го́да Сове́тский Сою́з переста́л существова́ть, и респу́блики получи́ли полити́ческую незави́симость. Бы́ло со́здано Содру́жество Незави́симых Госуда́рств (СНГ) - officially the Soviet Union ceased to exist on 25 December 1991, and the republics received political independence. The Commonwealth of Independent States (CIS) was created.

Це́лые регио́ны Росси́и стремя́тся к экономи́ческой самостоя́тельности - whole regions of Russia are aspiring to economic independence.

"independent": незави́симый, самостоя́тельный

В Великобрита́нии значи́тельное число́ шотла́ндцев и валли́йцев предпочита́ют быть незави́симыми от А́нглии - in Britain a significant number of Scots and Welsh want to be independent from England.

Национа́льные меньши́нства хоте́ли бы жить самостоя́тельно - ethnic minorities would like to live independently.

"ethnic conflict": национа́льный конфли́кт

Территориа́льные разногла́сия мо́гут привести́ к национа́льным конфли́ктам - territorial disputes may lead to ethnic conflicts.

"national liberation movement": национа́льно-освободи́тельное движе́ние *or* движе́ние за национа́льное освобожде́ние

20 век зна́ет мно́го национа́льно-освободи́тельных движе́ний - the 20th century has seen many national-liberation movements.

"to flare up": вспы́хивать (pf вспы́хнуть)

В Кана́де вспы́хнуло движе́ние за национа́льное освобожде́ние коренно́го населе́ния - a movement for the national liberation of the native population has flared up in Canada.

"to spread": развёртываться (pf разверну́ться)

Борьба́ за национа́льное освобожде́ние разверну́лась на всех контине́нтах - the struggle for national liberation has spread in all continents.

"to collapse": распада́ться (pf распа́сться), разва́ливаться (pf развали́ться), ру́шиться (pf ру́хнуть)

Оконча́тельно ру́хнула (развали́лась, распа́лась) мирова́я колониа́льная систе́ма - the worldwide colonial system has finally collapsed.

"collapse": распа́д, разва́л, крах, паде́ние

По́сле паде́ния (кра́ха, распа́да, разва́ла) тоталита́рных режи́мов в Восто́чной Евро́пе и Сове́тском Сою́зе вспы́хнули ме́стные этни́ческие конфли́кты - local ethnic conflicts flared up after the collapse of the totalitarian regimes in Eastern Europe and the Soviet Union.

Фа́кты для размышле́ния

1. Основны́ми при́знаками на́ции явля́ются: национа́льные язы́к и культу́ра (иску́сство, му́зыка, фолькло́р, та́нцы, костю́м), еди́нство исто́рии, еди́нство социа́льной и экономи́ческой жи́зни, еди́нство террито́рии, полити́ческой систе́мы и иногда́ рели́гии - the basic distinguishing marks of a nation are: a national language and culture (art, music, folklore, dance, costume), unity of history, unity of social and economic life, unity of territory, of political system and sometimes of religion.

2. В однонациона́льном о́бществе, наприме́р, в коре́йском и́ли япо́нском, недово́льство обраща́ется про́тив конкре́тных ли́чностей и́ли организа́ций, и́ли социа́льных слоёв - про́тив поли́ции и́ли бюрокра́тии, хи́ппи и́ли ро́керов, будди́стов и́ли христиа́н, в зави́симости от обстоя́тельств, но не про́тив друго́й национа́льности, поско́льку почти́ все явля́ются чле́нами той же на́ции - in a one-nation society such as the Korean or Japanese, dissatisfaction is directed against actual personalities, or organisations, or social strata - against the police or the bureaucracy, hippies or rockers, Buddhists or Christians, depending on circumstances, but not against another ethnic group, insofar as almost all are members of the same nationality.

3. В Швейца́рии межнациона́льные конфли́кты бо́лее или ме́нее успе́шно разрешены́. Фра́нко-швейца́рцы, герма́но-швейца́рцы, ита́ло-швейца́рцы не испы́тывают ни языково́й, ни национа́льной дискримина́ции. Большинство́ говори́т по-неме́цки, по-францу́зски говоря́т почти́ все. Одна́ко и здесь иностра́нные рабо́чие, почти́ все италья́нцы, а их приме́рно одна́ седьма́я от всего́ населе́ния, испы́тывают не́которую дискримина́цию - in Switzerland racial conflicts have been more or less successfully resolved. French-Swiss, German-Swiss and Italian-Swiss experience neither linguistic, nor ethnic discrimination. The majority speaks German, almost everyone speaks French. However, even here foreign workers, almost all Italians, and they are about a seventh of the whole population, do experience some discrimination.

4. По мне́нию психо́логов, лю́ди чувстви́тельны, что каса́ется их национа́льности. Когда́ их на́ция подверга́ется оскорбле́ниям, они́ испы́тывают состоя́ние глубо́кого пессими́зма и отча́яния. Э́то ведёт к жела́нию найти́ винова́того во всех бе́дах на́ции. И ча́ще всего́ гла́вным вино́вником ока́зываются лю́ди друго́й национа́льности, прожива́ющие на да́нной террито́рии. Постепе́нно скла́дывается «о́браз врага́» - опа́снейшее социа́льное явле́ние, порожда́ющее идеоло́гию национали́зма, шовини́зма и раси́зма - according to psychologists, people are very sensitive where their national identity is concerned. When their nation is subjected to insults they experience a state of profound pessimism and despair. This leads to a desire to find someone guilty for all the nation's misfortunes. And more often than not the culprit turns out to be people of another ethnic group living in the same territory. Gradually there forms an 'image of the enemy' - a highly dangerous social phenomenon giving rise to the ideology of nationalism, chauvinism and racism.

5. В 60-х года́х зако́нчился разва́л мирово́й колониа́льной систе́мы. Бы́вшие коло́нии ста́ли незави́симыми госуда́рствами, как пра́вило, с о́чень разнообра́зным национа́льным соста́вом. Национа́льные конфли́кты в них не исче́зли, но тепе́рь э́то бы́ли конфли́кты ме́жду наро́дами, находя́щимися на схо́дном у́ровне разви́тия - in the 60s the collapse of the worldwide colonial system was completed. Former colonies became independent states, as a rule with very varied ethnic composition. Ethnic conflicts did not disappear in them, but now these were conflicts between peoples who found themselves at a similar level of development.

Answer the following questions:
1. Есть ли однонациона́льные госуда́рства?
2. Каки́е быва́ют причи́ны национа́льного конфли́кта?
3. Каки́е фо́рмы национа́льных конфли́ктов вы зна́ете?
4. Каки́е вы зна́ете национа́льные конфли́кты, происше́дшие в XX ве́ке?
5. Чего́ в основно́м хотя́т национа́льные меньши́нства?

III.   Interethnic relations: межнациона́льные отноше́ния

"a policy of russification": поли́тика русифика́ции
    До револю́ции в Росси́и официа́льно проводи́лась поли́тика русифика́ции всех национа́льностей - before the revolution a policy of russification of all ethnic groups was conducted.
    Проце́сс напра́вленной русифика́ции неру́сского населе́ния в 60-70 го́ды вызыва́л недово́льство в СССР по отноше́нию к ру́сским - a process of deliberate russification of the non-Russian population in the 60s and 70s caused discontent in the USSR towards Russians.

"Russian": россия́нин (pl. россия́не); ру́сский
    Лю́ди всех национа́льностей, прожива́ющие на террито́рии Росси́и, явля́ются россия́нами - people who live in Russia are Russian citizens, whatever their nationality.
    Ру́сский - поня́тие этни́ческое, россия́нин - территориа́льное - Russian is an ethnic concept, Russian citizen a territorial one.
    Росси́я - не то́лько госуда́рство этни́ческих ру́сских, она́ включа́ет всех россия́н - Russia is a state not only of ethnic Russians, it includes all Russian citizens.

"union": со́юз, объедине́ние

> Счита́лось, что Сове́тский Сою́з был со́здан на осно́ве доброво́льного объедине́ния ра́зных респу́блик - it used to be thought that the Soviet Union had been created on the basis of a voluntary union of the various republics.

"to unite": объединя́ть (pf объедини́ть)

> Не́которые респу́блики вновь объединя́ются, что́бы созда́ть но́вый экономи́ческий сою́з - several republics are now uniting again in order to create a new economic union.

"abolition": отме́на

> Отме́на национа́льных привиле́гий и ограниче́ний - несомне́нное достиже́ние ру́сской револю́ции - the abolition of ethnic privileges and restrictions is an undoubted achievement of the Russian revolution.

"to violate": наруша́ть (pf нару́шить)

> Бы́ли нару́шены (наруша́лись) демократи́ческие при́нципы - democratic principles were violated.

"to distort": искажа́ть (pf искази́ть)

> В сове́тское вре́мя искажа́лась исто́рия мно́гих коренны́х наро́дов - the history of many native peoples was distorted in Soviet times.

"distortion": искаже́ние

> К сожале́нию, уже́ в 20 го́ды в Росси́и име́ли ме́сто искаже́ния национа́льной поли́тики - unfortunately distortions of nationality policy were already taking place in Russia in the 20s.

"to prosecute": пресле́довать

> Все ви́ды дискримина́ции пресле́дуются зако́ном - all forms of discrimination are prosecuted by law.

"persecution": пресле́дование

> Пресле́дование челове́ка по национа́льному при́знаку есть фаши́зм - persecution of a person for an ethnic characteristic is fascism.

"to deport": депортировать

Целые народы (немцы, чеченцы, татары) были депортированы в восточные и северные регионы страны - whole nationalities (Germans, Chechens and Tartars) were deported to eastern and northern regions of the country.

"to liquidate": ликвидировать

В 1941 г. была ликвидирована автономная республика немцев Поволжья - the autonomous republic of the Volga Germans was liquidated in 1941.

"to stir up dissent": разжигать (pf разжечь) рознь

Настоящая политика правительства только разжигает рознь между народами - present government policy only stirs up dissent between peoples.

"race riots": расовые беспорядки

Бедность и безработица ведут часто к расовым беспорядкам - poverty and unemployment often lead to race riots.

"racial prejudice": расовые предрассудки

Западному обществу не чужд такой расовый предрассудок, как антисемитизм - racial prejudice like anti-semitism is not unfamiliar to Western society.

"ethnic cleansing": этническая чистка

Межнациональная вражда в бывшей Югославии привела к этническим чисткам, то есть, к массовой депортации и даже физическому уничтожению людей - interethnic hostility in the former Yugoslavia has led to ethnic cleansing, that it, to people's mass deportation and even massacre.

Факты для размышления

1. Советская федеративная система была основана на территориальном распределении национальностей. Кроме 15 союзных республик, Советский Союз включал 20 автономных республик, 8 автономных областей, 10 автономных округов. В этой системе национально-территориального деления - корень многих проблем. По

замыслу Сталина территории были приписаны определённым этническим группам (титульным нациям), которые иногда составляли меньшинство, а представители других этнических групп оказывались гостями на своей земле - the Soviet federal system was based on the territorial distribution of ethnic groups. Besides the 15 republics of the union, the Soviet Union included 20 autonomous republics, 8 autonomous *oblast's* and 10 autonomous *okrugs*. In this system of ethnic-territorial division lay the root of many problems. According to Stalin's plan territories were allocated to defined ethnic groups (titular nationalities), who sometimes constituted a minority of the population, while persons of other ethnic groups became strangers in their own land.

2. Россия, как и весь Советский Союз, является государством, в основу устройства которого был положен принцип этнического федерализма. Правда, этнический федерализм имел здесь одну важную особенность: самая крупная этническая группа - русские, составляющие 81% населения России, - не имела собственной государственности. Это приводило к формированию различных форм русского национализма - Russia, like the Soviet Union, is a state at the basis of whose structure was laid the principle of ethnic federalism. It is true that ethnic federalism here had one important peculiarity: the largest ethnic group - the Russians who make up 81% of the population in Russia, - did not have their own state system, which led to the emergence of various forms of Russian nationalism.

3. Ликвидация автономии многих малых народов - результат проведения сталинской национальной политики. Во время Второй Мировой войны массовым репрессиям, носящим характер геноцида, подверглись почти поголовно немцы с Поволжья, корейцы, калмыки, чеченцы, ингуши, крымские татары и другие народы. Репрессии затронули эстонцев, латышей, литовцев, поляков, украинцев Западной Украины. Депортация немцев Поволжья была серьёзным ударом для экономического развития этого района - the abolition of autonomy for many small nationalities was the result of carrying out Stalin's nationalities policy. During the Second World War the Volga Germans, Koreans, Kalmyks, Chechens, Ingushetians, Crimean Tartars and other nationalities were subjected almost to a man to mass purges, resembling genocide. Purges hit the Estonians, Latvians, Lithuanians, Poles, and Ukrainians of the Western Ukraine. The deportation of the Volga Germans was a serious blow for the economic development of that region.

4. В 1944 г. Крымская АССР была преобразована в Крымскую область. Крымские татары были объявлены народом-предателем, сотрудничащим с немцами во время войны. Официально они перестали существовать. Нет упоминания о них даже в этнографическом справочнике «Население мира», вышедшем в 1987 году. А в 1954 году Крымская область (Крымский полуостров), входившая в состав России, была передана Украине. Решение о передаче Крыма из одной советской республики в другую удивило многих - after the War the Crimean Autonomous Soviet Socialist Republic was transformed into the Crimean *Oblast'*. The Crimean Tartars were declared traitors as a people for collaborating with the Germans during the war. Officially they had ceased to exist. There is no mention of them even in the ethnographic reference book "The Population of the World" which came out in 1987. Then in 1954 the Crimean *Oblast'* (The Crimean peninsula) which was part of Russia, was transferred to the Ukraine. The decision on the transfer of the Crimea from one Soviet republic to another surprised many people.

5. Процессы, развивающиеся в республиках бывшего СССР, ведут к созданию национальных государств, государств одной нации с коренным населением. Это создаёт опасность этнических чисток. Вот почему в последнее время резко увеличилась эмиграция национальных меньшинств, будь то немцы, армяне, русские, евреи. Люди этих меньшинств подвергаются дискриминации на работе, чувствуют себя гражданами второго сорта - processes evolving in the republics of the former USSR are leading to the creation of states consisting of one nationality, one-nation states with a native population. This creates a danger of ethnic cleansing. This is why emigration by ethnic minorities has increased sharply recently, whether it be Germans, Armenians, Russians or Jews. People of these minorities are subjected to discrimination at work and feel themselves second-class citizens.

Answer the following questions:
1. Какая национальная политика проводилась в советское время?
2. Какие искажения демократических принципов национальной политики были допущены в советское время?
3. Какие опасности заложены в идее этнического федерализма?
4. Как вы понимаете понятие "титульная нация"? К чему оно ведёт?
5. Почему в России национальный вопрос всегда был одним из актуальных?

6. Все ли россияне ру́сские?

III.   Hot spots: горя́чие то́чки

Появле́ние горя́чих то́чек создаёт опа́сность гражда́нской войны́ - the emergence of hot spots creates a danger of civil war.

"tense": напряжённый
Ме́жду наро́дностями Се́верного Кавка́за существу́ют крайне́ напряжённые отноше́ния - very tense relations exist between the nationalities of the Northern Caucasus.

"tension": напряже́ние *or* напряжённость
Напряжённость, существу́ющая на таджи́ко-афга́нской грани́це, мо́жет привести́ к но́вой войне́ - the tension existing on the Tadjik-Afghan border may lead to a new war.

"to intensify": обостря́ть (pf обостри́ть)
Экономи́ческие фа́кторы обостря́ют национа́льное напряже́ние - economic factors intensify ethnic tension.

"intensification": обостре́ние
Обостре́ние национа́льных конфли́ктов на Кавка́зе чрева́то серьёзными после́дствиями для ми́ра в э́том регио́не - the intensification of ethnic conflicts in the Caucasus is fraught with serious consequences for peace in the region.

"to overcome": преодолева́ть (pf преодоле́ть)
Благодаря́ уси́лиям ООН бы́ли успе́шно преодолены́ национа́льные конфли́кты - thanks to UN efforts ethnic conflicts were successfully overcome.

"to relax": смягча́ть (pf смягчи́ть)
Есть наде́жда, что подписа́ние но́вого догово́ра смягчи́т напряжённые отноше́ния ме́жду Росси́ей и Украи́ной - there is hope that the signing of a new pact will reduce tension between Russia and Ukraine.

74

"compromise": компромисс

В разрешении национального конфликта весьма трудно убедить стороны пойти на компромисс - in resolving ethnic conflict it is extremely difficult to persuade the sides to compromise.

Достижение компромисса - самый надёжный путь к решению национальных конфликтов, хотя всегда есть те, кто не готов принять это решение - reaching a compromise is the most reliable way of solving ethnic conflicts, although there are always those who are not prepared to accept this solution.

"concession": уступка

В национальных конфликтах надо идти на взаимные уступки, иначе конфликт никогда не будет разрешён - in ethnic conflicts it is necessary to make mutual concessions, otherwise conflict will never be resolved.

"to rival": соперничать с (+ inst)

Украина и Россия соперничают друг с другом, стараясь доказать своё право на Крым - Ukraine and Russia are rivalling one another in trying to prove their right to the Crimea.

"rivalry": соперничество

Началось соперничество между республиками за то, чтобы сохранить ресурсы для себя - rivalry has begun among the republics to keep resources to themselves.

"refugees": беженец/беженка

В ближайшие годы России предстоит принять тысячи беженцев из республик бывшего СССР - in the near future Russia will have to accept thousands of refugees from the republics of the former USSR.

"to deprive of citizenship": лишать (pf лишить) гражданства

Большое число русских в Прибалтике лишились гражданства - a large number of Russians in the Baltic republics have been deprived of citizenship.

Фа́кты для размышле́ния

1. Но́вые горя́чие то́чки появи́лись на ка́рте бы́вшего СССР: сопе́рничество ме́жду Росси́ей и Украи́ной по по́воду Кры́ма, вооружённый конфли́кт ме́жду Осе́тией и Гру́зией, ме́жду Гру́зией и Абха́зией, откры́тая война́ ме́жду Арме́нией и Азербайджа́ном по по́воду Наго́рного Караба́ха, территориа́льный спор по по́воду грани́ц ме́жду Росси́ей и Эсто́нией - new hot spots have appeared on the map of the former USSR: the rivalry over the Crimea between Russia and Ukraine, the armed conflict between Ossetia and Georgia, between Georgia and Abkhazia, the open warfare between Armenia and Azerbaidjan over Nagorny Karabakh and the territorial dispute between Russia and Estonia over borders.

2. По́сле распа́да СССР положе́ние ру́сских в Сре́дней А́зии ре́зко измени́лось: они́ преврати́лись в национа́льное меньшинство́. Встал вопро́с: как приспосо́биться к переме́нам? Десятиле́тиями ру́сские бы́ли «ста́ршими бра́тьями». Во мно́гих ру́сских живёт чу́вство культу́рного превосхо́дства, уве́ренность в том, что они́ са́мая квалифици́рованная часть рабо́чих и специали́стов в регио́не. Ру́сские понима́ют свою́ значи́тельность и не согла́сны с положе́нием меньшинства́ - after the collapse of the USSR the situation of the Russians in Central Asia changed abruptly: they were transformed into an ethnic minority. The question arose of how to adapt to the changes. For decades Russians had been "elder brothers". In many Russians there has been a feeling of cultural superiority, confidence in the fact that they are the best qualified section of workers and specialists in the region. Russians know their importance and are not happy with the position of a minority.

3. Сего́дня существу́ют две тенде́нции в разви́тии национа́льных отноше́ний: дифференциа́ция и интегра́ция. Дифференциа́ция проявля́ется в стремле́нии ка́ждого наро́да к саморазви́тию, суверените́ту (самостоя́тельности, незави́симости). Втора́я тенде́нция (интегра́ция) отража́ет стремле́ния наро́дов к взаимоде́йствию, расшире́нию свя́зей. Де́йствия э́тих тенде́нций мо́жно проследи́ть на протяже́нии всей исто́рии челове́чества - two trends exist these days in the development of ethnic relationships: divergence and integration. Divergence occurs in each nationality's aspiration to develop on its own and for sovereignty (independence). The second trend (integration) reflects nations' aspirations for cooperation and broadening of links. The effects of these trends can be traced throughout the history of mankind.

4. Приме́р проце́сса интегра́ции - Европе́йское Соо́бщество (ЕС). В после́днее вре́мя звуча́т предложе́ния о превраще́нии ЕС в еди́ное госуда́рство с о́бщим це́нтром вла́сти и управле́ния. Все госуда́рства, кото́рые войду́т в бу́дущее объедине́ние, должны́ бу́дут, остава́ясь хозя́евами на свое́й террито́рии, доброво́льно переда́ть о́бщему це́нтру пра́во подде́рживать бала́нс интере́сов - защища́ть интере́сы ка́ждого чле́на э́того содру́жества - an example of the process of integration is the European Community (EC). Proposals have recently been heard for transforming the EC into a single state with a common centre of authority and administration. All the states which enter the future union must, while remaining masters in their own territory, voluntarily hand over to the common centre the right to support a balance of interests - to defend the interests of each member of this commonwealth.

5. Приём Ла́твии в Европе́йский Сове́т отло́жен из-за предло́женного латви́йским парла́ментом са́мого дискриминацио́нного зако́на о гражда́нстве в стра́нах Приба́лтики. Согла́сно латви́йскому прое́кту зако́на о гражда́нстве то́лько тот, кто латы́ш по происхожде́нию, смо́жет стать граждани́ном Ла́твии. Зако́н тре́бует сда́чи экза́мена по латви́йскому языку́ и кля́твы лоя́льности прави́тельству Ла́твии. Но согла́сно стати́стике сего́дня в респу́блике насчи́тывается 1 млн. 344 тыс. латыше́й, что составля́ет 52% от о́бщего числа́ жи́телей. Остальны́е 48% составля́ют русскоговоря́щие (ру́сские, украи́нцы, белору́сы, евре́и и др.). А в неда́вних вы́борах в Эсто́нии бо́льше тре́ти жи́телей бы́ли лишены́ уча́стия - Latvia's acceptance into the Council of Europe has been postponed because of the Latvian parliament proposal of the most discriminatory law on citizenship in the countries of the Baltic states. According to the Latvian project for a law on citizenship only someone who is a Latvian in origin may become a citizen of Latvia. The law demands passing an exam in the Latvian language and an oath of loyalty to the government of Latvia. But according to statistics there are 1,344,000 Latvians, which constitute 52% of the overall number of inhabitants. The other 48% are made up of Russian-speakers (Russians, Ukrainians, Belorussians, Jews and others). And in recent elections in Estonia more than a third of the inhabitants were excluded from participating.

Answer the following questions:
1. Неизбе́жны ли национа́льные конфли́кты?
2. Согла́сны ли Вы, что экономи́ческий фа́ктор име́ет реша́ющее значе́ние?

77

3. Мо́гут ли быть конфли́кты при процвета́ющей эконо́мике?
4. Как мо́жно разреши́ть национа́льный конфли́кт?

This topic is good for revising and practising participles, so most of the exercises are based on them.

1. *Replace the clauses with* кото́рый *by Present Active Participles, e.g.:*
Существу́ют на́ции, кото́рые насчи́тывают то́лько не́сколько ты́сяч челове́к - существу́ют на́ции, насчи́тывающие то́лько не́сколько ты́сяч челове́к.

На́до отмени́ть зако́ны, кото́рые ущемля́ют права́ гражда́н. Наро́ды, кото́рые образу́ют респу́блики в соста́ве Росси́йской. Федера́ции, кото́рые хотя́т стать незави́симыми. Наро́ды, кото́рые бо́рются за незави́симость, должны́ получи́ть автоно́мию. Что де́лать с респу́бликами, кото́рые стремя́тся к по́лному сепарати́зму? Я говорю́ о ма́лых наро́дах, кото́рые подверга́ются дискримина́ции. Европе́йское Соо́бщество состои́т из госуда́рств, кото́рые объединя́ются на при́нципах демокра́тии. На́до ока́зывать подде́ржку наро́дам, кото́рые добива́ются равнопра́вия.

2. *Decide when to use short or full-form Past Passive Participle e.g.:*
Кры́мские тата́ры, (обвини́ть) в преда́тельстве, бы́ли (вы́слать) в Сиби́рь → обвинённые, вы́сланы.

Крым, (переда́ть) Украи́не, был ру́сской террито́рией. Между респу́бликами (установи́ть) но́вые грани́цы. Наро́ды, (подве́ргнуть) репре́ссиям, бы́ли (реабилити́ровать). Оши́бки, (допусти́ть) прави́тельством, нанесли́ огро́мный уще́рб отноше́ниям ме́жду наро́дами. Конфли́кты, (породи́ть) поли́тикой, не мо́гут быть (разреши́ть) сра́зу. Успе́хи, (дости́гнуть) в улучше́нии жи́зни мно́гих наро́дов, бы́ли значи́тельны.

3. *Replace the present passive construction with a reflexive verb by a Past Passive Participle in the short form e.g.:*
В Литве́ ущемля́ются права́ русскоязы́чного меньшинства́ → в Литве́ ущемлены́ ...

Конфли́кт порожда́ется поли́тикой прави́тельства. Все ограниче́ния в отноше́нии коренно́го населе́ния отменя́ются. К сожале́нию, допуска́ются оши́бки со стороны́ прави́тельства. Затра́гиваются интере́сы большинства́ населе́ния. Принима́ются ме́ры по ликвида́ции чрезвыча́йного положе́ния. К сожале́нию, истори́ческие фа́кты искажа́ются. Латви́йским прави́тельством предлага́ется но́вый зако́н о гражда́нстве. Ра́но и́ли по́здно пробле́мы разреша́ются.

4. *Replace the word in brackets by a synonym:*
В результа́те конфли́кта (вспы́хнула) гражда́нская война́.
Мно́гие регио́ны хотя́т стать (самостоя́тельными).
Колониа́льная систе́ма оконча́тельно (развали́лась).
(Разва́л) СССР не улу́чшил экономи́ческого положе́ния в но́вых стра́нах.

5. *Translate into Russian:*
(1) The conflict which has flared up between Georgia and Abkhazia may lead to Civil War. (2) It is impossible to understand modern ethnic conflicts without knowing their history: the roots of the problem usually go back to some conflict in the past. (3) Discrimination against the Russian-speaking minority is becoming widespread in all the republics of the former USSR: the Russians are deprived of their citizenship and their right to participate in elections. (4) The collapse of the Soviet Union has lead to the weakening of economic ties between republics, to the growth of tension and to the appearance of numerous refugees. (5) A new hot spot recently sprang up on the border between Russia and Ukraine. (6) Thanks to the compromise offered by Russia the conflict between the two republics was solved. (7) The policy of russification being carried out by the government has caused great discontent among the local population. (8) All the Germans from the Volga region were deported during the war to Siberia. They were suspected of collaboration with the enemy and were rehabilitated only after Stalin's death. (9) Russia's national policy before the Revolution was based on the imperial principle of "divide and rule". (10) The native population had no rights in deciding their fate.

Write an essay on: "The Complexities of Interethnic Conflict".

Decide if you think the nature of a multinational society itself creates the problem. Ask yourself when the question of nationalities became especially important in Britain and in Russia and say why. After all, for a long time it was assumed that there was no ethnic problem in the former USSR, and that all nationalities lived in peace and friendship.

But when the Soviet Union collapsed many interethnic conflicts flared up in Central Asia and the Caucasus. Take, as an example, a specific national issue in the former USSR (the tension between Russia and Ukraine, for example, or the relationship between Russia and one of the Baltic states, or one of the national conflicts in the Caucasus).

Write on the issues dividing Russia and Ukraine say that the ethnic relationship between Russians and Ukrainians is very close, and yet the tension between them has been very acute. Say how close Russia and Ukraine are from the historical, cultural and economic points of view, though the Catholic church is stronger there than in Russia.

Find out if there was ever discrimination against Ukrainians: after all the Russian Empire treated Ukraine like a colony, exploiting its agricultural wealth and trying to replace its language with Russian. Show how badly Ukraine suffered in the Soviet period (40 million people were killed during famines and collectivisation, the repressions under Stalin and during the German occupation of 1941-1944). Say that after a referendum in 1991 Ukraine declared itself a sovereign state.

From the Russian point of view this merely causes economic difficulties for Ukrainians themselves and many personal problems. Many Russians who lived and worked in Ukraine had to become citizens of Ukraine, though they do not speak the language. Russians now need visas to visit the Ukraine. In the Ukraine Russians predominate. And in Russia 17 million Ukrainians still live and work.

From the Ukrainian point of view the independence of the Ukraine has brought liberation from Russia which is more important than the economic difficulties. But Ukrainian nationalists are prepared to pay any price for their freedom and would be willing to fight if necessary.

One of the most acute problems in the relationship between Russia and Ukraine is the question of the Crimea. In 1954 the Soviet leader Nikita Khrushchev, who came from Ukraine, gave the Crimea to Ukraine. Previously it had been considered a part of Russia. Now the population of the Crimea has voted to return the Crimea to Russia, but the Ukrainian parliament does not recognize the Crimea's right to secede.

Suggest that only complete understanding by both sides of each other's interests can lead to a solution of such complex interethnic problems; you may conclude that the only practical solution demands compromise but that this satisfies neither side completely.

I.   pollution of the environment: загрязнёние окружа́ющей среды́

В   ми́ре,   наконёц,   признаю́т   пробле́му   загрязне́ния
окружа́ющей среды́ - the world is finally recognising the problem of
pollution of the environment.

"to pollute": загрязня́ть (pf загрязни́ть)
Устаре́вшие предприя́тия си́льно загрязня́ют атмосфе́ру -
obsolete factories pollute the atmosphere heavily.

"to cause harm/damage": наноси́ть (pf нанести́) вред/ущёрб (+ dat)
or причиня́ть (pf причини́ть) ущёрб (+ dat)
Уси́ленная   химиза́ция   се́льского   хозя́йства   наряду́   с
экономи́ческой вы́годой нано́сит огро́мный ущёрб по́чве - the
intensified use of chemicals in agriculture as well as having economic
benefits causes enormous damage to the soil.

"to be released, discharged": выделя́ться (pf вы́делиться)
При сжига́нии выделя́ется не то́лько углеки́слый газ - on
combustion not only carbon dioxide is released.

"discharge, emission": вы́бросы
Вы́бросы вре́дных веще́ств в атмосфе́ру происхо́дят при
сжига́нии угля́ - discharge of harmful substances into the atmosphere
occurs when coal is burnt.

"industrial waste": промы́шленные отхо́ды
Промы́шленные отхо́ды создаю́т опа́сность для здоро́вья
люде́й - industrial waste creates danger for people's health.

"acid rain": кисло́тный дождь
Кисло́тный дождь - одна́ из наибо́лее тяжёлых форм
загрязне́ния окружа́ющей среды́ - acid rain is one of the most
serious forms of environmental pollution.

81

"greenhouse effect": парнико́вый эффе́кт

В результа́те повы́шенного у́ровня углеки́слого га́за возника́ет парнико́вый эффе́кт - the greenhouse effect arises as a result of the increased level of carbon dioxide.

"ozone layer": озо́нный слой

Всле́дствие разруше́ния озо́нного сло́я в ве́рхней атмосфе́ре на пове́рхность земли́ проника́ют опа́сные ультрафиоле́товые лучи́ со́лнца - due to the destruction of the ozone layer in the upper atmosphere dangerous ultra-violet rays from the sun penetrate to the earth's surface.

"global warming": глоба́льное потепле́ние

Глоба́льное потепле́ние мо́жет име́ть са́мые серьёзные после́дствия для на́шей плане́ты - global warming can have the most serious consequences for our planet.

"source": исто́чник

Гла́вный исто́чник загрязне́ния окружа́ющей среды́ - де́ятельность челове́ка: электроста́нции, промы́шленность, тра́нспорт - the main source of enviromental pollution is human activity - power stations, industry and transport.

"to exceed permitted levels": превыша́ть (pf превы́сить) допусти́мые но́рмы

Загрязнённость во́здуха в не́сколько раз превыша́ет допусти́мые но́рмы - air pollution exceeds permitted levels several times over.

Фа́кты для размышле́ния

1. Эколо́гию мо́жно определи́ть как изуче́ние взаимоде́йствия живы́х органи́змов ме́жду собо́й и с окружа́ющей средо́й. Но для большинства́ люде́й эколо́гия означа́ет отноше́ние челове́ка к окружа́ющей среде́ и осо́бенно движе́ние за охра́ну приро́ды - ecology may be defined as the study of the interaction of living organisms among themselves and with the enviroment. But for the majority of people ecology means man's attitude to the environment and specially the conservation movement.

2. Появле́ние кисло́тных дожде́й свя́зано с разви́тием промы́шленности и тра́нспорта в 20-ом ве́ке. От кисло́тных дожде́й страда́ют зерновы́е культу́ры, погиба́ют леса́, озёра стано́вятся мёртвыми, разруша́ются ста́рые зда́ния. В За́падной Евро́пе же́ртвами кисло́тных дожде́й уже́ ста́ли 38% лесо́в - the appearance of acid rain is linked to the development of industry and transport in the 20th century. As a result of acid rain cereal crops suffer, forests die, lakes become dead and ancient buildings are destroyed. In Western Europe 38% of forests have already fallen victim to acid rain.

3. После́дствия парнико́вого эффе́кта бу́дут тяжёлыми: кро́ме измене́ний кли́мата, глоба́льное потепле́ние на 1-2 гра́дуса приведёт к части́чному та́янию льда в Анта́рктике и, сле́довательно, к катастрофи́ческим наводне́ниям в таки́х стра́нах, как Бангладе́ш. Не́которые острова́ исче́знут навсегда́ - the consequences of the greenhouse effect will be serious: besides changes of climate, global warming by 1-2° will lead to partial melting of ice in the Antarctic and consequently to catastrophic floods in such countries as Bangladesh. Some islands will disappear forever.

4. Озо́нный слой защища́ет зе́млю от вре́дных ультрафиоле́товых луче́й со́лнца. В нача́ле семидеся́тых годо́в бы́ло заме́чено появле́ние большо́й дыры́ в озо́нном сло́е над Анта́рктикой. С ка́ждым го́дом э́та дыра́ расширя́ется из-за накопле́ния специфи́ческих хими́ческих соедине́ний в атмосфе́ре. В результа́те поте́ри защи́ты от вре́дных луче́й со́лнца ре́зко повы́сится число́ заболе́вших ра́ком, катастрофи́чески сни́зятся сельско-хозя́йственные урожа́и - the ozone layer protects the earth from the harmful ultraviolet rays of the sun. At the beginning of the seventies the appearance of a large hole in the ozone layer above Antarctica was noted. This hole is widening each year because of the accumulation of specific chemical compounds in the atmosphere. As a result of the loss of the defence against harmful rays from the sun the number of those falling ill with cancer will rise steeply and harvests will fall disastrously.

5. Вы́брос промы́шленных, сельскохозя́йственных и бытовы́х отхо́дов в озёра, ре́ки, моря́ преврати́л их в мёртвые раство́ры токси́чных веще́ств. К числу́ си́льно загрязнённых отно́сятся мно́гие изве́стные ре́ки (Рейн, Дуна́й, Се́на, Во́лга, Дон, Днепр,

Нил, Ганг). Загрязнéние океáнов растёт. Бóльше всех загрязнён Атлантический океáн. Осóбая опáсность - нефтянóе загрязнéние. В результáте утéчки нéфти при её добы́че и транспортирóвке в мировóй океáн попадáют миллиóны тонн нéфти и нефтепродýктов. Экологической катастрóфой мировóго значéния стал сброс Ирáком в начáле 1991 гóда большóго количества нéфти в вóды Персидского залива, поджóг нефтяны́х сквáжин - discharge of industrial, agricultural and domestic waste into lakes, rivers and seas has turned them into dead solutions of toxic substances. Many famous rivers figure among the heavily polluted (the Rhine, Danube, Seine, Volga, Don, Dnepr, Nile and Ganges). Pollution of the oceans is increasing. Most polluted of all is the Atlantic. A particular threat is oil pollution. As a result of oil spill during its extraction and transport millions of tons of oil and its by-products escape into the world's oceans. Iraq's release of a large quantity of oil into the waters of the Persian Gulf and its setting fire to oil wells at the beginning of 1991 was an ecological disaster of global proportions.

Answer the following questions:
1. Какие причины загрязнéния в рáзвитых/развивáющихся стрáнах?
2. Каковы́ глáвные истóчники загрязнéния атмосфéры?
3. Почемý нефтянóе загрязнéние осóбенно опáсно?
4. Что произошлó в Кувéйте в 1991 годý?

II. Atomic power - for and against: áтомная энергéтика - за и прóтив

"atomic power station": áтомная электростáнция (АЭС)
Считáлось, что строительство áтомных электростáнций навсегдá разрешит проблéму энéргии - it used to be thought that building atomic power stations would solve the energy problem for good.

"radiation leak": утéчка радиáции
В результáте Чернóбыльской катастрóфы произошлá огрóмная утéчка радиáции - a huge radiation leak occurred as a result of the Chernobyl disaster.

"radioactive waste": радиоакти́вные отхо́ды

До сих пор не решена́ пробле́ма захороне́ния радиоакти́вных отхо́дов - the problem of burying radioactive waste has not yet been solved.

"nuclear": я́дерный

При я́дерной реа́кции выделя́ются радиоакти́вные вещества́ - in a nuclear reaction radioactive substances are released.

"safe": безопа́сный

На́до сде́лать я́дерные реа́кторы абсолю́тно безопа́сными - nuclear reactors must be made absolutely safe.

"safety measures": ме́ры безопа́сности

Игнори́ровались (наруша́лись) ме́ры безопа́сности при строи́тельстве АЭС - safety measures were ignored during construction of the atomic power station.

"to observe": соблюда́ть

Éсли бы на всех АЭС соблюда́лись пра́вила безопа́сности, э́то был бы экологи́чески чи́стый исто́чник эне́ргии - if safety rules were observed at all atomic power stations they would be an ecologically clean energy source.

"to expose to radiation": заража́ть (pf зарази́ть) радиа́цией

Ты́сячи квадра́тных киломе́тров вокру́г Черно́быля бы́ли заражены́ радиа́цией - thousands of square kilometres around Chernobyl were exposed to radiation.

"accident": ава́рия

По́сле ава́рии ре́зко увели́чилась радиоакти́вность - after the accident radioactivity increased sharply.

"test": испыта́ние

Испыта́ния я́дерного ору́жия не проводи́лись в райо́нах, бли́зких к населённым пу́нктам - nuclear weapons tests were not conducted in regions close to populated areas.

"ecological disaster area": зóна экологи́ческого бéдствия
    Арáльское мóре объя́влено зóной экологи́ческого бéдствия -
the Aral Sea has been declared an ecological disaster area.

Фáкты для размышлéния

1. Ежегóдно на АЭС происхóдят авáрии и пожáры. Кру́пная авáрия на америкáнской стáнции "Три Майл А́йленд" былá вы́звана, как показáло расслéдование, оши́бкой оперáтора. Чернóбыль был сáмой кру́пной катастрóфой в истóрии я́дерной энергéтики. Катастрóфа произошлá во врéмя проведéния неразрешённого эксперимéнта - every year accidents and fires occur at atomic power stations. The major accident at the American power station at Three Mile Island was caused, as the investigation showed, by an operator's error. Chernobyl was the greatest disaster in the history of nuclear power. The disaster occurred while an unauthorised experiment was being conducted.

2. В Великобритáнии послéдствия Чернóбыльской катастрóфы осóбенно отрази́лись на сéльском хозя́йстве. Радиоакти́вный дождь зарази́л траву́ на пáстбищах Уэ́льса, так что прави́тельство запрети́ло потреблéние барáнины, а тáкже свéжего молокá детьми́ и берéменными жéнщинами - in Britain the consequences of the Chernobyl disaster were felt specially in agriculture. Radioactive rain affected grass in the pastures of Wales, with the result that the government banned the consumption of mutton and also of fresh milk by children and pregnant women.

3. По мнéнию акадéмика Сáхарова, «кардинáльным мéтодом обеспечéния безопáсности я́дерной энергéтики явля́ется размещéние реáкторов под землёй на глубинé нéскольких деся́тков мéтров». Необходи́мо немéдленно и пóлностью останови́ть строи́тельство я́дерных реáкторов с назéмным размещéнием. Óчень вáжно тáкже имéть гарáнтию безопáсности от возмóжных диви́рсий и террористи́ческих áктов - in Academician Sakharov's opinion "the key method for guaranteeing the safety of nuclear power is housing the reactors at a depth of several tens of metres underground". It is essential to stop the construction of nuclear reactors with housing above ground immediately and completely. It is also very important to have a guarantee of security from possible sabotage or acts of terrorism.

4. На протяжении многих лет советские учёные утверждали, что нет ничего более безопасного, надёжного и экономичного, чем атомные станции. Риск гибели от аварии на атомной станции равен для любого человека риску от выкуривания одной-трёх сигарет! - for many years Soviet scientists claimed that there was nothing safer, more reliable and economical than atomic power stations. The risk of dying from an accident at an atomic power station was for any person equal to the risk from smoking one to three cigarettes!

5. Человечество не может обойтись без ядерной энергетики. Уже сегодня в США 16% всей электроэнергии поступает от более чем ста атомных станций, а во Франции уже более половины всей электроэнергии дают станции подобные Чернобыльской АЭС - mankind can no longer do without nuclear power. In the USA today 16% of all electric power already comes from over a hundred atomic power stations, while in France power stations similar to Chernobyl provide over half of all electric power.

Answer the following questions:
1. Каковы опасности использования атомной энергии?
2. Как вы объясните причины Чернобыльской катастрофы?
3. Каковы последствия Чернобыльской катастрофы?
4. Может ли человечество обойтись без использования атомной энергии?
5. Согласны ли вы с мнением академика Сахарова?

III. Complexities of the ecological situation in Russia: сложности экологической ситуации в России

"command-administrative system of management": командно-административная система управления
Корни экологических проблем в бывшем СССР лежат в 70-летнем господстве командно-административной системы - the roots of ecological problems in the former USSR lie in the 70-year domination of a command-adminstrative system.

"to save": беречь, сберегать (pf сберечь)
Сам факт, что страна богата ресурсами, создавал иллюзию, что ресурсы в стране бесконечны, не надо беречь их - the

very fact that the country is rich in resources created the illusion that resources in the country were infinite and that it was not neccessary to save them.

"wastefulness": расточи́тельность

Для кома́ндно-администрати́вной систе́мы характе́рна расточи́тельность, отсу́тствие сти́мула эконо́мить ресу́рсы - wastefulness and absence of stimulus to economise on resources is typical for a command-administrative system.

"to poison": отравля́ть (pf отрави́ть)

В результа́те неограни́ченного испо́льзования пестици́дов отра́влены миллио́ны гекта́ров сельскохозя́йственных земе́ль - millions of hectares of agricultural land have been poisoned as a result of the unrestricted use of pesticides.

"to exhaust": истоща́ть (pf истощи́ть)

От чрезме́рного употребле́ния хими́ческих веще́ств по́чва истоща́ется - the soil is exhausted by excessive use of chemical substances.

"to fell": руби́ть, выруба́ть (pf вы́рубить)

В Сиби́ри ежего́дно выруба́ется 5 миллио́нов а́кров лесны́х масси́вов - 5 million acres of forest are felled in Siberia every year.

"to dispose": сбра́сывать, выбра́сывать (pf сбро́сить, вы́бросить)

Мно́гие промы́шленные предприя́тия сбра́сывают свои́ отхо́ды в ре́ки, озёра, моря́ - many industrial plants dispose of their waste in rivers, lakes and seas.

"refuse dump, rubbish tip": (му́сорная) сва́лка

В Москве́ в преде́лах го́рода име́ется 80 му́сорных сва́лок: не́которые из них содержа́т радиоакти́вные материа́лы - there are 80 refuse dumps within the city limits in Moscow: some of them contain radioactive material.

Фа́кты для размышле́ния

1. Экологи́ческие пробле́мы бы́вшего СССР пря́мо сле́дуют из его́ кома́ндно-администрати́вной систе́мы управле́ния эконо́микой. При тако́й систе́ме эконо́мика была́ ориенти́рована исключи́тельно на разви́тие тяжёлой промы́шленности, на рост произво́дства. Приро́дная среда́ регио́на неизбе́жно страда́ет от тако́й ориента́ции - the ecological problems of the former USSR derive from its command-administrative system of managing the economy. Under this system the economy was directed exclusively towards developing heavy industry and growth of production. Inevitably the region's environment suffered from this orientation.

2. Вот не́которые после́дствия госпо́дства кома́ндно-администрати́вной систе́мы:
1) в Сре́дней А́зии пого́ня за выра́щиванием хло́пка привела́ к сокраще́нию посевны́х площаде́й овоще́й и фру́ктов, к эро́зии по́чвы;
2) строи́тельство огро́мных плоти́н и гидроста́нций на Во́лге, на сиби́рских ре́ках привело́ к затопле́нию плодоро́дных земе́ль;
3) перебро́ска среднеазиа́тских рек из Ара́льского мо́ря привела́ к его́ высыха́нию, и э́то ока́зывает влия́ние на мирово́й кли́мат;
4) бесконтро́льная вы́рубка лесо́в привела́ к обезлесе́нию и эро́зии почв: при строи́тельстве БА́Ма [Байка́ло-Аму́рская магистра́ль] в Сиби́ри бы́ли вы́рублены миллио́ны гекта́ров ле́са
- these are some of the consequences of the domination of a command-administration system:
1) the drive to grow cotton in Central Asia led to a reduction of the area under fruit and vegetable crops and to soil erosion;
2) the construction of huge dams and hydroelectric power stations on the Volga and on the Siberian rivers led to the flooding of fertile lands;
3) the diversion of Central Asian rivers from the Aral Sea has led to its drying up, and this affects the world climate;
4) unsupervised felling of forests has led to deforestation and soil erosion: in Siberia millions of hectares of forest were felled during the construction of the Baikal-Amur Railway.

3. Концентра́ция в во́здухе загрязня́ющих веще́ств периоди́чески превыша́ет преде́льно допусти́мые но́рмы в де́сять и бо́лее раз. Осо́бенно загрязнён возду́шный бассе́йн таки́х городо́в, как Уфа́,

Ке́мерово, Екатеринбу́рг, Челя́бинск. Приме́рно 70 миллио́нов из 190 миллио́нов, живу́щих в 103 города́х бы́вшего СССР, ды́шат во́здухом, заражённость кото́рого опа́сными вещества́ми по кра́йней ме́ре в пять раз превыша́ет допусти́мые но́рмы - concentrations of pollutant substances in the air sometimes exceed the maxmimum permitted levels ten or more times. The air in towns like Ufa, Kemerovo, Ekaterinburg and Chelyabinsk is particularly polluted. Approximately 70 million of the 190 million who live in 103 towns of the former USSR breathe air which has levels of pollution with dangerous substances at least five times higher than those permitted.

4. Уничтоже́ние сиби́рских лесо́в, поглоща́ющих большу́ю часть углеки́слого га́за на Земле́, представля́ет бо́льшую экологи́ческую опа́сность, чем уничтоже́ние вла́жных тропи́ческих лесо́в Брази́лии. Основно́й уще́рб причиня́ется загрязне́нием и беспоря́дочными вы́рубками - the destruction of Siberian forests which absorb a large part of the Earth's carbon dioxide represents a greater ecological threat than the destruction of the tropical rain forests of Brazil. Fundamental damage is caused by pollution and uncontrolled felling.

5. Из-за разбо́ра на ороше́ние вод рек, пита́ющих Ара́льское мо́ре, оно́ испаря́ется, высыха́ет. Из-за э́того наруша́ется режи́м выпаде́ния оса́дков, среднегодова́я температу́ра во́здуха повы́силась на три гра́дуса. В атмосфе́ру поступа́ет так мно́го со́ли и пы́ли, что у́ровень содержа́ния твёрдых части́ц в земно́й атмосфе́ре повы́сился бо́лее, чем на 5 проце́нтов - because of the diversion for irrigation of the waters of rivers feeding the Aral Sea, it is evaporating and drying up. Because of this the rainfall pattern is being disrupted and the average annual air temperature has risen by three degrees. So much salt and dust is entering the atmosphere, that the content level of hard particles in the world's atmosphere has risen by more than 5 percent.

Answer the following questions:
1. Почему́ в бы́вшем СССР загрязне́ние атмосфе́ры ху́же, чем на За́паде?
2. Каки́е райо́ны в Росси́и осо́бенно страда́ют от загрязне́ния?
3. Каки́е глоба́льные пробле́мы вызыва́ет э́то загрязне́ние?
4. Как вы понима́ете кома́ндно-администрати́вную систе́му?
5. Как влия́ет така́я систе́ма на отноше́ние к приро́де?

6. Каковы́ после́дствия госпо́дства э́той систе́мы на экологи́ческую ситуа́цию в Росси́и?

IV.   What is to be done? что де́лать?

"efficient, resource-saving": ресурсосберега́ющий

Надо внедря́ть в произво́дство ресурсосберега́ющую техноло́гию - we must put efficient technology to work in production.

"conservation": охра́на приро́ды

Во мно́гих стра́нах возни́кло зелёное движе́ние - движе́ние люде́й, кото́рых волну́ет охра́на приро́ды - the green movement has sprung up in many countries - a movement of people concerned about nature conservation.

"conservation policy": природоохра́нная поли́тика

Что́бы контроли́ровать де́ятельность промы́шленных предприя́тий, необходи́мо проводи́ть природоохра́нную поли́тику, - we must pursue a conservation policy to check the activities of industrial plants.

"purification plant": очистно́е сооруже́ние

Ка́ждое предприя́тие, производя́щее вре́дные отхо́ды, должно́ име́ть очистны́е сооруже́ния - every factory which produces harmful waste should have a purification plant.

"to reprocess": перераба́тывать (pf перерабо́тать)

Е́сли бы перераба́тывали бо́льше мукулату́ры и пластма́ссы, не на́до бы́ло бы руби́ть сто́лько ле́са - if more waste paper and plastic were reprocessed it would not be necessary to chop down so much forest.

"reprocessing": перерабо́тка

Перерабо́тка одного́ металлоло́ма эконо́мит стране́ со́тни миллио́нов до́лларов - the reprocessing of scrap metal alone saves the country hundreds of millions of dollars.

"to recycle": рециркули́ровать

> В Герма́нии значи́тельная часть дома́шних отхо́дов и му́сора рециркули́руется и сно́ва испо́льзуется в произво́дстве - in Germany a significant part of household waste is recycled and reused in production.

"recycling": рециркуля́ция

> Во мно́гих стра́нах, в том числе́ и в Росси́и, рециркуля́ция стекля́нных буты́лок и ба́нок - обы́чное явле́ние - in many countries, including Russia, recycling of glass bottles and jars is normal.

"biodegradable": разлага́емый микрооргани́змами

> В це́лях уменьше́ния коли́чества му́сора учёные изобрели́ пластма́ссовую упако́вку, разлага́емую микрооргани́змами - in order to reduce the quantity of rubbish scientists have invented biodegradable plastic packaging.

"chimney": дымова́я труба́

> В це́лях охра́ны здоро́вья городски́х жи́телей дымовы́е тру́бы на заво́дах должны́ стро́иться высото́й 200-300 ме́тров и бо́лее - in order to protect town-dwellers' health factory chimneys should be built 200-300 metres high or more.

"green tax": «зелёный нало́г»

> В не́которых стра́нах гря́зное произво́дство облага́ется так называ́емыми «зелёными нало́гами» - in some countries dirty production processes are subject to so-called "green taxes".

"anti-pollution measures": ме́ры про́тив загрязне́ния

> «Зелёным» удало́сь убеди́ть прави́тельство в том, чтобы ввести́ ме́ры про́тив загрязне́ния - the greens have succeeded in persuading the government to introduce anti-pollution measures.

"fine": штраф

> В настоя́щее вре́мя в Росси́и разраба́тывается бо́лее стро́гая систе́ма штра́фов за уще́рб, нанесённый окружа́ющей среде́ - a stricter system of fines is at present being worked out in Russia for damage inflicted on the environment.

"ecological policy": экологическая политика

Под экологической политикой мы понимаем всю систему мер, направленных на охрану природы - by ecological policy we understand the whole system of measures directed at protecting nature.

"alternative energy sources": альтернативные источники энергии

Самые эффективные меры по уменьшению загрязнения - развитие и эксплуатация альтернативных источников энергии - the most effective measures for reducing pollution would be the development and exploitation of alternative sources of energy.

"nature reserve": заповедник

Некоторые редкие виды растений и животных сохраняются только в заповедниках - some rare species of plants and animals are preserved only in nature reserves.

Факты для размышления

1. Первым законом об охране окружающей среды можно считать эдикт английского короля Эдуарда I, принятый в 1273 году и запрещавший использование каменного угля для отопления жилищ Лондона. По обычаям того времени за нарушение эдикта полагалась смертная казнь. А при короле Эдуарде III в 1338 г. парламент принял закон, запрещавший сваливать мусор в Темзу. В начале XV века подобный указ издал французский король в отношении Сены. А согласно указу Петра I наказанию подвергались все те, кто сбрасывал мусор в Неву - the English king Edward I's edict passed in 1273 and banning the use of coal for household heating in London may be considered the first law on environmental protection. In accordance with the customs of the time the death penalty was laid down for breaking the edict. And in 1338 in the reign of Edward III parliament passed a law prohibiting the tipping of rubbish into the Thames. At the beginning of the XV century the king of France issued a similar decree in respect of the Seine. And according to a decree of Peter the Great all those who dumped rubbish in the Neva were liable to punishment.

2. В 1972 г. в Стокгольме состоялась первая конференция ООН по проблемам окружающей среды. На ней был принят важный документ - «Всемирная стратегия охраны природы», содержащая

развёрнутую программу действий всех стран. В системе ООН существует специальный орган - Программа ООН по окружающей среде, который координирует работы, ведущиеся в разных странах. Штаб-квартира находится В Найроби (Кения) - the first United Nations conference on problems of the environment took place in Stockholm in 1972. At it an important document, "World Strategy on Nature Conservation" containing an extensive action programme for all countries, was ratified. In the UN's system a special branch exists - the UN Programme for the Environment, which coordinates the work being, carried out in various countries. The headquarters is in Nairobi.

3. Благодаря природоохранной политике, строительству очистных сооружений, очень строгим мерам по сохранению чистоты (за брошенный на улице окурок взимается штраф 500 сингапурских долларов) Сингапур стал самым экологически чистым государством Азии. Это одно из немногих мест в экваториальном и тропическом поясе, где сырую воду можно пить прямо из водопровода - thanks to its nature conservation policy, the construction of purification plants and its very strict measures for preserving cleanliness (a fine of 500 Singapore dollars is imposed for a cigarette thrown away in the street) Singapore has become one of the ecologically cleanest states in Asia. It is one of the few places in the equatorial and tropical belt where one can drink water straight from the water supply.

4. В США планируется ввести восемь «зелёных» налогов: на выбросы углерода, производство опасных отходов, продажу пестицидов, выбросы серы и азота, продажу газов, наносящих ущерб озонному слою, истощение грунтовых вод и т.д. Эти виды налогов могут принести в госбюджет от 100 до 150 млрд. долларов в год, что соответствует 25-35% текущих поступлений в него от налога на личные доходы населения - in the USA it is planned to bring in eight "green" taxes: for discharging carbon, the production of dangerous waste, the sale of pesticides, discharging sulphur and nitrogen, the sale of gases which damage the ozone layer, draining subsoil waters, etc. These forms of taxation may bring from 100 to 150 billion dollars a year into the national budget, which corresponds to 25-35% of current revenue from taxes on the population's personal income.

5. На неда́внем конгре́ссе эко́логов в Брази́лии одно́й ... . пробле́м, име́ющих всепланетное значе́ние, на́звано сохране́ние лесо́в на росси́йском Да́льнем Восто́ке. Страны́ Лати́нской Аме́рики да́же заяви́ли о гото́вности вы́платить дальневосто́чному регио́ну нема́лые компенса́ции за ограниче́ние ру́бок ле́са. По утвержде́нию специали́стов, леса́ Тихоокеа́нского бассе́йна игра́ют ва́жную роль в формирова́нии кли́мата на всей плане́те, ока́зывают огро́мное влия́ние на жизнь её населе́ния - at a recent congress of ecologists in Brazil the conservation of the forests in Russia's Far East was named as one of the main problems which had significance for the whole planet. The countries of Latin America even declared their readiness to pay the Far-Eastern region considerable compensation for restricting felling of the forest. According to the claims of specialists the forests of the Pacific Ocean basin play an important part in shaping the climate of the whole planet and have an enormous influence on the life of its population.

6. В Росси́и был со́здан Госуда́рственный комите́т по охра́не приро́ды. На́чался перехо́д от тяжёлой промы́шленности к сфе́ре услу́г. Начало́сь экологи́ческое движе́ние, сформирова́лись деся́тки зелёных групп (наприме́р, „Гринпи́с"). Э́ти обще́ственные гру́ппы оказа́ли не́которое влия́ние. Результа́ты: отменён гига́нтский прое́кт перебро́ски сиби́рских рек в Сре́днюю А́зию, закры́т бума́жный комбина́т на Ла́дожском о́зере, так как он угрожа́л загрязне́нием во́дному снабже́нию Петербу́рга - in Russia a State Committee for Nature Conservation had been created. The transition from heavy industry to the service sector had begun. An ecological movement has begun and dozens of green groups (e.g., "Greenpeace") have been formed. These social organisations have had some effect. Results: the vast project for the diversion of Siberian rivers into Central Asia has been cancelled, and the paper factory on Lake Ladoga has been closed since it threatened St. Petersburg's water supply with pollution.

Answer the following questions:

1. Каки́е ме́ры ну́жно принима́ть, что́бы улу́чшить экологи́ческую ситуа́цию на За́паде? в Росси́и?

2. Эффекти́вно ли экологи́ческое движе́ние? Каки́х результа́тов оно́ дости́гло?

3. Каки́е са́мые эффекти́вные ме́ры, по ва́шему мне́нию, по борьбе́ с загрязне́нием?

Exercises:

1. *Replace the verb with the verbal noun and change the sentence accordingly, e.g.* Ну́жно рециркули́ровать стекля́нные буты́лки → нужна́ рециркуля́ция стекля́нных буты́лок.

Ну́жно перераба́тывать промы́шленные отхо́ды. Ну́жно стро́ить очистны́е сооруже́ния. Ну́жно проводи́ть природоохра́нную поли́тику. Ну́жно контроли́ровать промы́шленные предприя́тия. Ну́жно внедря́ть ресурсосберега́ющую техноло́гию. Ну́жно размеща́ть я́дерные реа́кторы под землёй. Ну́жно вводи́ть зелёные нало́ги. Ну́жно разрабо́тать систе́му штра́фов. Ну́жно приня́ть програ́мму по охра́не приро́ды. Ну́жно ограни́чить ру́бку лесо́в.

2. *See which statement is the correct one:*
Мо́жно/нельзя́ обойти́сь без (+ gen) (я́дерная энерге́тика, очистны́е сооруже́ния, хими́ческие удобре́ния, разви́тие промы́шленности, пестици́ды, природоохра́нная поли́тика, перерабо́тка металлоло́ма, захороне́ние радиоакти́вных отхо́дов)?
На́до/не на́до облага́ть нало́гом (вы́брос вре́дных веще́ств, разви́тие альтернати́вных исто́чников эне́ргии, ресурсосберега́ющая техноло́гия, прода́жа пестици́дов, уте́чка не́фти)?

3. *Decide when to use short or long Past Passive Participle:*
(загрязнённый) В результа́те промы́шленной де́ятельности челове́ка ... мно́гие ре́ки и водоёмы. В ... ре́ках ги́бнет ры́ба, исчеза́ет вся́кая жизнь.
(введённый) Ме́ры про́тив загрязне́ния, ... прави́тельством, уже́ даю́т результа́ты. ... штраф за вы́брос вре́дных отхо́дов.
(нанесённый) В результа́те чрезме́рного примене́ния хими́ческих удобре́ний ... огро́мный уще́рб по́чве. Невозмо́жно изме́рить уще́рб, ... стране́ Черно́быльской катастро́фой.
(заражённый) Мно́гие райо́ны ... радиа́цией. На террито́риях вокру́г Черно́быля, ... радиа́цией, нельзя́ жить.
(ориенти́рованный) Эконо́мика ра́звитых стран ... на разви́тие се́ктора услу́г. То́лько эконо́мика, ... на разви́тие се́ктора услу́г, мо́жет уме́ньшить загрязне́ние.
(достигнутый) Благодаря́ зелёному движе́нию ... не́которые успе́хи. Успе́хи, ... зелёными, привлекли́ внима́ние к пробле́ме.

4. *Translate into Russian:*
(1) The Russian press is reporting an increased number of pollution-related illnesses. Life expectancy is decreasing and infant mortality is on the increase. (2) A majority of Western countries have already gone over to intensive methods of economic development. They consume fewer natural resources than previously. Russia is also abandoning her extensive methods of development and going over to intensive ones. (3) The ruling ideology of Marxism-Leninism was based on the idea of the conquest of nature. Communists thought that one can understand everything and rearrange both nature and society according to such an understanding. (4) Western Siberia will warm significantly by 2000, according to the Russian Academy of Science. Average annual temperature is expected to rise by one or two degrees. The forecast is based on studies of climatic conditions 65000 years ago when the carbon dioxide content of the atmosphere was similar to that predicted for 2000.

Write an essay on: "Russia's Ecological Problems". First say how serious the problem is worldwide: mankind will not be able to survive unless this problem is solved. Say that it is not war which in your opinion is the greatest threat to humanity but the destruction of the ozone layer and the greenhouse effect which could bring the end of civilization.
   Pollution whether it is of water or the air knows no borders, it spreads to all countries, be they industrially developed or countries of the third world. It results increasingly from human activity. Industrial development, especially of heavy industry, vehicles, the use of chemical fertilisers in agriculture, the felling of forests in the attempt to increase the area of agricultural land, urbanization and the demographic explosion - all lead to pollution of the environment. And the consequences are usually disastrous.
   Say that the situation in Russia is worse than in the Western world: the 70-year dominance of a command-administrative system has had a serious effect since the system was directed mainly at industrial development and at constant growth of production at any price. Say that the fact that Russia is rich in oil, gas, coal and forests, created the illusion that her resources could last for ever and that it was not necessary to conserve them. And not a single enterprise in Russia was interested in saving energy, water or raw materials. The wastefulness under such a system was phenomenal.
   Give some examples: the Aral sea became a disaster zone as a result of diversion of its rivers, so that a large part of it has dried up, millions of tons of salt has spread to agricultural land and the climate has deteriorated. In other places the most fertile lands were flooded to satisfy industrial needs for more

97

energy by building gigantic dams and artificial seas. These artifical seas are now creating ecological problems.

The idea that man is master of the universe (a Marxist doctrine), that his function is the domination of nature, led to more disasters: the Chernobyl catastrophe clearly resulted from too much confidence and not observing safety regulations. Its effect on the environment could last for thousands of years. Give examples of the effect of Chernobyl: millions of hectares of land were affected by radiation, which can still have consequences in many countries.

Say that there is some hope however: people are now much more aware of the effect of pollution, industries are now fined if they discharge harmful waste into rivers (though the fines are not high enough), they have to introduce purification installations and observe strict safety measures. The Green movement is spreading all over the world; even in Russia the first ecological groups have appeared and people are organizing demonstrations. The State Committee on environmental protection has been created.

Russia of course still has to transform her economy from an extensive to an intensive method of development and she has to educate her people to be ecologically conscious. To do this during an economic crisis is extremely difficult. But she has no choice.

ОБРАЗОВАНИЕ EDUCATION

I. Types of education: ви́ды образова́ния

"preschool education": дошко́льное образова́ние

В настоя́щее вре́мя идёт пересмо́тр всей систе́мы дошко́льного образова́ния - the whole system of pre-school education is at present being reviewed.

"preschool institutions": де́тские дошко́льные учрежде́ния

Вме́сто беспла́тных госуда́рственных я́слей и де́тских садо́в появля́ется мно́го пла́тных де́тских дошко́льных учрежде́ний - many fee-paying pre-school institutions are appearing in place of free state nurseries and kindergartens.

"educational": образова́тельный

Де́тский сад до́лжен стать то́же образова́тельным учрежде́нием - kindergarten, too, has to become an educational institution.

"to bring up, cultivate": воспи́тывать (pf воспита́ть)

На́до с ма́лых лет воспи́тывать в ребёнке любо́вь к прекра́сному - it is vital to cultivate a love of beauty in a child from an early age.

"upbringing, moral education": воспита́ние

Важне́йшую роль в воспита́нии ребёнка игра́ет семья́ - the family plays the most important part in a child's upbringing.
Зада́ча дошко́льного воспита́ния дать ребёнку осно́вы эстети́ческого восприя́тия - it is a task of pre-school moral education to give a child a grounding in aesthetic appreciation.

"moral educational": воспита́тельный

Воспита́тельная рабо́та в но́вых дошко́льных учрежде́ниях не всегда́ на высо́ком у́ровне - the level of moral education in new pre-school institutions is not always very high.

"nursery school teacher": воспита́тель, воспита́тельница

О́чень ва́жно, что́бы воспита́тельница была́ челове́ком образо́ванным, культу́рным, музыка́льно ра́звитым - it is very important that the nursery school teacher be an educated, cultured and musical person.

"pupil, student [anyone learning]": **учащийся**
Число учащихся в классе не должно превышать тридцати человек- class size should not exceed thirty.

"education, instruction": **обучение**
Обучение одарённых детей требует специального подхода - the education of gifted children requires a special approach.

"to educate": **давать (pf дать) образование [+ dat]**
Государственная школа даёт детям бесплатное образование - a state school provides children with a free education.

"comprehensive": **общеобразовательный**
Кроме общеобразовательных школ в больших городах распространены специальные школы (математические, английские, музыкальные, и т.п.) - besides comprehensive schools special schools (mathematical, English-language, music, etc.) are widespread in the major towns.

"primary school": **начальная школа**
В начальной школе дети учатся с шести лет - children go to primary school from the age of six.

"secondary": **средний**
В средней школе большинство детей остаются до 11 класса - a majority of children remain at secondary school until the 11th form.

"compulsory": **обязательный**
Среднее образование в России перестало быть обязательным: учащиеся поступают в 10-11 классы на основе конкурса - secondary education has ceased to be compulsory in Russia: pupils are admitted to the 10th and 11th forms on a competitive basis.

"school-leaving certificate, certificate of maturity": **аттестат зрелости**
После окончания одиннадцатилетней школы ученики получают аттестат зрелости - after finishing their eleventh-year school pupils receive their certificate of maturity.

"educated": образо́ванный

До́лгое вре́мя у Росси́и была́ репута́ция высоко́ образо́ванной страны́ - for a long time Russia had the reputation of being a highly educated country.

"literacy": гра́мотность

Гра́мотность в не́которых англи́йских шко́лах ни́зкая, мно́гие ученики́ до сих пор не овладе́ли на́выками чте́ния и письма́ - literacy in some British schools is low, many pupils have not yet mastered the skills of reading and writing.

"illiteracy": негра́мотность

Ликвида́ция негра́мотности - несомне́нное достиже́ние сове́тской систе́мы образова́ния - the elimination of illiteracy has without doubt been an achievement of the Soviet education system.

"literate; competent": гра́мотный

Сове́тская сре́дняя шко́ла гото́вила гра́мотных исполни́телей, кото́рых предпочита́ла кома́ндно-администрати́вная систе́ма - Soviet secondary school trained competent functionaires whom the command-administrative system used to prefer.

"illiterate": безгра́мотный

Никто́ не до́лжен конча́ть шко́лу безгра́мотным - noone should leave school illiterate.

"emphasis": упо́р

Сейча́с в шко́лах упо́р де́лается на обуче́ние, развива́ющее спосо́бности и скло́нности ученика́ - nowdays in schools emphasis is laid on education which develops the pupil's abilities and inclinations.

Фа́кты для размышле́ния

1. В 1993 году́ в Росси́и введён но́вый уче́бный план, состоя́щий из трёх часте́й: федера́льный, региона́льный, шко́льный. Федера́льный план - э́то тот ми́нимум зна́ний (ру́сский язы́к, фи́зика, матема́тика, литерату́ра), кото́рый необходи́м ка́ждому шко́льнику, незави́симо от того́, в како́й шко́ле он у́чится и где живёт. Региона́льный и шко́льный пла́ны зави́сят от регио́на и катего́рии шко́лы - in 1993 a

new curriculum was introduced in Russia consisting of three parts: federal, regional and school. The federal plan is the minimum of knowledge (Russian language, physics, mathematics and literature) which is essential for every schoolchild, irrespective of what sort of school he goes to or where he lives. The regional and school plans depend on the region and category of school.

2. Согла́сно но́вой конце́пции образова́ния всео́бщая одиннадцатиле́тняя шко́ла состои́т из трёх ступене́й. Пе́рвая мо́жет начина́ться и́ли в 6, и́ли в 7 лет и продолжа́ться три и́ли четы́ре го́да. Причи́на ра́зницы: биологи́ческий во́зраст ребёнка не всегда́ совпада́ет с его́ па́спортным во́зрастом, и поэ́тому нет нужды́ «сде́рживать» ра́звитого и гото́вого учи́ться шестиле́тку. Програ́ммы обуче́ния то́же две: спосо́бный выбира́ет четы́ре го́да, ме́нее спосо́бный - три го́да - according to a new concept of education eleven-year general schooling consists of three stages. The first may begin at 6 or 7 and continue three or four years. The reason for the difference: a child's biological age does not always coincide with the age in its birth-certificate, so there is no need to hold back an advanced six-year-old who is ready to learn. There are also two syllabuses: the gifted choose four years, the less able three.

3. Но́вая конце́пция шко́льного образова́ния в Росси́и - специализа́ция. В после́дние три го́да одиннадцатиле́тней шко́лы учени́к до́лжен вы́брать свой «укло́н»: фи́зико-математи́ческий, биологи́ческий, гуманита́рный, языково́й - specialisation is a new concept in education in school in Russia. In the last three years of his eleven-year school the pupil has to choose his "inclination": physics and mathematics, biological science, the arts or languages.

4. Сего́дня 60 проце́нтов рабо́чих профе́ссий тре́буют общеобразова́тельных зна́ний в объёме сре́дней шко́лы. В бу́дущем число́ таки́х профе́ссий бу́дет увели́чиваться. К тому́ же социо́логи подсчита́ли, что рабо́чие со сре́дним образова́нием вдво́е быстре́е осва́ивают но́вую те́хнику и техноло́гию, быстре́е адапти́руются в сло́жном совреме́нном произво́дстве, име́ют бо́лее высо́кую производи́тельность труда́ - nowadays 60% of jobs require knowledge of general subjects up to secondary school level. In future the number of these professions will increase. Moreover sociologists have calculated that workers with secondary education master new techniques and new technology twice as fast, adapt more quickly in complex modern industry and have higher productivity at work.

ШКОЛА
С АРХИТЕКТУРНЫМ
УКЛОНОМ

Рисунки В. ПЕСКОВА.

Answer the following questions:

1. Ну́жно ли дошко́льное образова́ние?

2. По ва́шему мне́нию, спосо́бные и неспосо́бные де́ти должны́ учи́ться вме́сте?

3. «Мне ли́чно о́чень нра́вится англи́йский подхо́д, когда́ о́бщая програ́мма мо́жет быть осуществлена́ на трёх ра́зных у́ровнях. Програ́мма одна́, а у́ровень её изуче́ния, глубина́ ра́зные». Вы согла́сны с э́тим мне́нием ру́сского учи́теля?

4. Должна́ ли шко́льная програ́мма быть еди́ной для всех школ?

II.   Private education - for and against: ча́стное образова́ние - за и про́тив

"payment, fees": пла́та

Пла́та за обуче́ние в ча́стных шко́лах мо́жет быть высо́кой - fees for education in private schools can be high.

"supporter and opponent": сторо́нник и проти́вник

    У ча́стных школ есть свои́ сторо́нники и проти́вники - private schools have their supporters and opponents.

"selection": отбо́р

    Во мно́гих шко́лах, и ча́стных и госуда́рственных, практику́ется те́стовый отбо́р - in many schools, both private and state, selection by testing is practised.

"to study (something) selectively": избира́тельно изуча́ть

    В не́которых лице́ях и гимна́зиях предме́ты изуча́ются избира́тельно, а в преподава́нии испо́льзуются нестанда́ртные иде́и - in some lycées and *gimnaziyas* subjects are studied selectively, while unorthodox ideas are used in teaching.

"to concentrate (study) on": углублённо изуча́ть (pf изучи́ть)

    В лице́е с 10 кла́сса углублённо изуча́ют техни́ческие нау́ки, в гимна́зии - гуманита́рные - from the 10th form onwards concentration is on the sciences at a lycée, and on arts subjects at a *gimnaziya*.

    Специа́льные англи́йские шко́лы предлага́ют углублённую програ́мму изуче́ния англи́йского языка́ - English-language special schools offer an intensified study programme of English.

"specialisation": специализа́ция

    Нужна́ специализа́ция, так как спосо́бности и скло́нности дете́й ра́зные - specialisation is necessary since children's abilities and inclinations are varied.

"to specialize in": специализи́роваться по (+ dat)

    Для одарённых дете́й в Росси́и есть специа́льные математи́ческие шко́лы, специализи́рующиеся по матема́тике - in Russia there are special mathematical schools for gifted pupils which specialise in mathematics.

"to reject": отка́зываться (pf отказа́ться) от (+gen)

    Взяв курс на образова́ние для «всех» и для «и́збранных», Росси́я отка́зывается от при́нципов еди́ной шко́лы - by setting course towards education "for all" and education "for the chosen few" Russia is rejecting the principles of a standard school.

"elitism": элита́рность

Есть мне́ние, что специализа́ция создаёт нездоро́вую атмосфе́ру элита́рности - there is an opinion that specialisation creates an unhealthy atmosphere of elitism.

"elitist": элита́рный

Мно́гие счита́ют специа́льные шко́лы элита́рными и тре́буют их отме́ны - many consider special schools elitist and demand their abolition.

"snobbery": сноби́зм

Одни́ счита́ют, что ча́стные шко́лы поощря́ют сноби́зм - some people think that private schools encourage snobbery.

"facilities, equipment": обору́дование

Други́е ука́зывают на совреме́нное обору́дование и благоприя́тные усло́вия для дете́й в ча́стных шко́лах - others point out the modern facilities and favourable conditions for children in private schools.

Фа́кты для размышле́ния

1. Европе́йский парла́мент при́нял резолю́цию о свобо́де образова́ния. Согла́сно резолю́ции: «Пра́во роди́телей - выбира́ть шко́лу для свои́х дете́й до тех пор, пока́ после́дние не смо́гут сде́лать э́то са́ми; обя́занность госуда́рства - обеспе́чить необходи́мые усло́вия для госуда́рственных и́ли ча́стных школ» - the European Parliament has passed a resolution on freedom of education. According to the resolution: "It is the parents' right to choose the school for their children until the latter shall be able to do this themselves; it is the duty of the state to provide conditions needed for state or private schools".

2. В 1994 году́ в Росси́и бы́ло 67 ты́сяч госуда́рственных, то есть беспла́тных школ, и чуть бо́лее 500 ча́стных. Ра́ньше созда́ние ча́стных школ бы́ло запрещено́, что́бы не допусти́ть социа́льного нера́венства в образова́нии. Кро́ме того́, впервы́е ста́ло практикова́ться семе́йное образова́ние, когда́ ребя́та у́чатся вне шко́лы и зате́м сдаю́т экза́мены экстерном, что ра́ньше бы́ло категори́чески запрещено́ - in 1994 there were 67 thousand state, i.e. free, schools and just over 500 private ones. Previously the setting up of private schools had been prohibited in order not

to allow social inequality in education. Moreover for the first time education in the family has begun to be practised, when children study outside school and then take examinations as external students, which was categorically forbidden before.

3. 74% школ в России вынуждены организовать обучение в две смены, около 105 - в три, и есть школы, где учатся в четыре смены. Примерно 10% школ находятся в аварийном состоянии. Низкий материальный уровень обеспечения привёл к утечке из государственных школ лучших учителей. Лучшие учителя уходят в лицеи и гимназии - 74% of schools in Russia are forced to organise teaching in two shifts, about 10% - in three and there are schools where teaching is in four shifts. About 10% of schools are in a dangerous condition. The low level of economic security has led to the loss of the best teachers from state schools. The best teachers are leaving for lycées and *gimnaziyas*.

4. После революции гимназии (эквивалент современной средней общеобразовательной школы) были отменены. Теперь гимназии вновь появляются в России. Учиться в гимназии считается престижнее, чем в средней школе. Программы гимназий включают предметы, обычно отсутствующие в средней школе, как философию, историю искусств. Считается, что уровень образования в гимназии выше, чем в средней школе - after the revolution the *gimnaziyas* equivalent to modern secondary comprehensive schools) were abolished. Now *gimnaziyas* are again appearing in Russia. It is considered more prestigious to go to a *gimnaziya* than to a secondary school. Curricula in *gimnaziyas* include subjects usually absent from secondary schools, like philosophy and art history. It is thought that the level of education in a *gimnaziya* is higher than in a secondary school.

Answer the following questions:
1. Как вы относитесь к частным школам?
2. Какое преимущество (какой недостаток) имеют, по вашему мнению, частные школы?
3. Считаете ли вы оправданным введение платного образования?
4. «Задача школы - развивать личность, а не накачивать учеников информацией». Какая школа, частная или государственная, может выполнить эту задачу?

III.   Higher education: вы́сшее образова́ние

"higher-educational establishment": вы́сшее уче́бное заведе́ние (ВУЗ)
Приём в вы́сшее уче́бное заведе́ние произво́дится по ко́нкурсу - access to higher-educational establishment is competitive.
В Росси́и сейча́с вы́сшие уче́бные заведе́ния принима́ют определённый проце́нт ча́стных студе́нтов, кото́рые пла́тят за своё образова́ние - in Russia now higher educational establishments take a certain percentage of private students who pay for their education.

"school leaver": выпускни́к
Выпускники́ сре́дних школ, поступа́ющие в институ́т, должны́ ещё сдава́ть вступи́тельные экза́мены - secondary-school leavers, going on to higher education, still have to take entrance exams.

"entrance requirements": тре́бования к поступа́ющим
Тре́бования к поступа́ющим в вы́сшие уче́бные заведе́ния по-пре́жнему высо́кие - the entrance requirements to higher-educational establishments are as high as ever.

"accessible": досту́пный
Ра́ньше вы́сшее образова́ние бы́ло досту́пно для всех молоды́х люде́й, получи́вших аттеста́т зре́лости - previously higher education was accessible to all young people who had received their certificate of maturity.

"to train": гото́вить (pf подгото́вить)
В отли́чии от институ́та университе́т гото́вит люде́й мно́гих специа́льностей, дава́я им возмо́жность обща́ться и учи́ться друг у дру́га - unlike an institute, a university trains people of many professions, giving them the chance to mix and learn from each other.

"training": подгото́вка
Сейча́с са́мым гла́вным счита́ется подгото́вка специали́стов, отвеча́ющих тре́бованиям ры́нка - the most important thing nowadays is thought to be training specialists who answer the demands of the market.

"integration": интегра́ция
По мне́нию не́которых экономи́стов на́до осуществля́ть те́сную интегра́цию образова́ния и произво́дства - in the opinion of some

economists we must bring about close integration between education and industry.

"specialists, personnel": ка́дры
Предприя́тие заключа́ет догово́р с ву́зом на подгото́вку ка́дров - an enterprise concludes a contract with a higher-educational establishment for the training of personnel.

"degree": сте́пень
Росси́йские университе́ты плани́руют ввести́ две сте́пени: бакала́вра и маги́стра - Russian universities are planning to introduce two degrees: of Bachelor and Master.

"university graduate": выпускни́к университе́та
Ра́ньше выпускники́ университе́тов не испы́тывали недоста́тка в рабо́те: спрос всегда́ превыша́л предложе́ние - previously university graduates did not experience a shortage of jobs: demand always exceeded supply.

"post graduate": аспира́нт, аспира́нтка
По́сле оконча́ния аспиранту́ры аспира́нт защища́ет диссерта́цию и получа́ет сте́пень кандида́та нау́к - after completing his postgraduate study a postgraduate defends his or her thesis and receives the degree of Doctor of Philosophy.

"computerisation": компьютериза́ция
Компьютериза́ция образова́ния (повсеме́стное испо́льзование компью́теров) даёт возмо́жность вы́хода ко всей необходи́мой информа́ции - the computerisation of education (universal use of computers) makes possible access to all necessary information.

"continuous education": непреры́вное образова́ние
Совреме́нный ры́нок труда́ тре́бует непреры́вного образова́ния - the modern labour market requires continuous education.

Фа́кты для размышле́ния

1. Мирова́я систе́ма двух степене́й вы́сшего образова́ния (бакала́вр и маги́стр) соотве́тствует ры́ночным отноше́ниям в росси́йском о́бществе. По мне́нию специали́стов, не на́до гна́ться за у́зкой специализа́цией, ну́жно дава́ть бо́лее широ́кое образова́ние на пе́рвой ступе́ни, кото́рая соотве́тствует зва́нию бакала́вра, а на второ́й ступе́ни маги́стра мо́жно дава́ть уже́ специа́льное образова́ние - the universal system of two degrees of higher education, the bachelor's and the master's degree, corresponds to market attitudes in Russian society. In the experts' opinion we should not pursue narrow specialisation, but we ought to provide a broad education at the first stage which corresponds to a B.A. or B.Sc., and at the second M.A. or M.Sc. stage one can then provide specialist education.

2. В после́днее вре́мя широко́ практику́ется заключе́ние контра́ктов ме́жду ву́зами и предприя́тиями. Предприя́тия перечисля́ли ву́зам определённую су́мму за ка́ждого подгото́вленного для них специали́ста. По́сле оконча́ния ву́за выпускни́к до́лжен был три го́да отрабо́тать на предприя́тии, опла́чивавшем его́ обуче́ние - concluding contracts between HE institutions and firms has become common practice lately. Firms transferred a given sum to institutions for each specialist trained for them. After finishing the institution the graduate had to work for three years in the firm which had paid for his training.

3. В Росси́и сейча́с происхо́дит отто́к из ву́зов наибо́лее спосо́бной ча́сти преподава́телей в комме́рческие структу́ры. Это ведёт в ря́де регио́нов страны́ к абсолю́тному сокраще́нию числа́ профе́ссорско-преподава́тельского соста́ва - in Russia there is now a drift of the most able section of lecturers into the commercial sector. This is leading in a number of regions of the country to an absolute reduction in the number of professorial and lecturing staff.

4. Измене́ния в сре́дней шко́ле приведу́т к измене́нию конце́пции вы́сшего образова́ния. Оно́ бу́дет не то́лько ориенти́ровано на ну́жды эконо́мики, но и на разви́тие культу́рного и интеллектуа́льного потенциа́ла росси́йского о́бщества, на разви́тие свобо́дной и незави́симо мы́слящей ли́чности - changes in secondary school will lead to a change in the concept of higher education. It will not be directed only at the needs of the economy, but also at the development of the cultural and intellectual

potential of Russian society and the development of the free and independently thinking personality.

Что делать? Учиться или работать?

Лучшие занятия				для молодёжи
Учёба	35%			43%
Работа	8%			3%
Бизнес	19%			5%
Другое	22%			27%
Затр. ответить	16%			22%

Юноши 16-18 лет   Девушки 16-18 лет

(из опроса)

5. Всё же о́чень важна́ связь вы́сшего образова́ния с промы́шленностью и управле́нием. Здесь большо́е значе́ние име́ет послеву́зовское образова́ние - переподгото́вка и повыше́ние квалифика́ции. По подсчётам социо́логов при перехо́де к ры́ночным отноше́ниям необходи́мо организова́ть в тече́ние двух-трёх лет уско́ренную переподгото́вку 10-15 млн. челове́к. Обеспе́чить э́то мо́жет то́лько систе́ма вы́сшего образова́ния - still, higher education's link with industry and management is very important.   Post-institute education - retraining and raising of qualifications - has an important place in this.   In the transition to a market mentality it is, according to sociologists' calculations, essential to organise the accelerated retraining of 10-15 million people.   Only the higher education system can provide this.

6. Сама́ жизнь опроверга́ет те́зис о ги́бели росси́йского образова́ния - слу́хи об э́том я́вно преувели́чены.   Всё бо́льше молоды́х иду́т в студе́нты.   Число́ профессоро́в и преподава́телей возросло́ бо́лее чем на 30 ты́сяч за после́дние четы́ре го́да - life itself is refuting the theory that Russian education is doomed - rumours are clearly exaggerated.   More and more

young people are becoming students. The number of professors and lecturers has increased by over 30 thousand in the last four years.

Answer the following questions:

1. Каки́м, по ва́шему мне́нию, должно́ быть вы́сшее образова́ние: широ́ким или у́зким?

2. Что вы мо́жете сказа́ть об у́ровне вы́сшего образова́ния в ва́шей стране́?

3. В чём вы ви́дите по́льзу вы́сшего образова́ния?

4. Каки́е измене́ния должны́ произойти́ в вы́сшем образова́нии (в ва́шей стране́, в Росси́и)?

5. Должно́ ли вы́сшее образова́ние быть те́сно свя́зано с произво́дством?

6. Как вы понима́ете непреры́вное образова́ние?

Exercises:

1. *Practise the construction of* чтобы + *past tense:*
О́чень ва́жно (роди́тели име́ют пра́во вы́бора шко́лы) → О́чень ва́жно, чтобы роди́тели име́ли пра́во вы́бора шко́лы.

О́чень ва́жно (учи́тель образо́ванный челове́к). О́чень ва́жно (у всех дете́й ра́вные возмо́жности на образова́ние). О́чень ва́жно (де́ти развива́ют свои́ спосо́бности). О́чень ва́жно (де́тям нра́вится учи́ться). На́до (де́ти получа́ют широ́кое образова́ние). На́до (предприя́тия заключа́ют контра́кты с ву́зами). На́до (образова́ние ориенти́ровано на разви́тие ли́чности). На́до (профе́ссия учи́теля прести́жная). На́до (образова́ние свя́зано с эконо́микой).

2. *Put the word* то *into the correct case:*
Отноше́ние о́бщества к образова́нию определя́ется ..., ско́лько де́нег оно́ тра́тит на образова́ние. Гла́вная зада́ча сове́тской шко́лы была́ соглаша́ться с ..., что говори́ла па́ртия. То́лько по́сле гла́сности ста́ли откры́то говори́ть о ..., что на́до меня́ть систе́му образова́ния. Росси́я ста́ла свиде́телем ..., как меня́ется у́ровень образова́ния.

3. *Complete the following statements:*
Типи́чная сове́тская шко́ла была́ общеобразова́тельной, то есть (they provided a broad education).
В Росси́и есть специа́льные математи́ческие шко́лы, то есть (school specialising in mathematics).

111

К сожале́нию, основно́й упо́р в шко́льной рефо́рме сде́лан на ча́стном образова́нии, то есть (on education which is paid for and elitist).

Сре́днее образова́ние в бы́вшем СССР бы́ло антирегиона́льным, то есть (school curricula did not familiarise children with the life of their region).

4. *Translate into Russian:*
(1) Before 1917 the greater part of the population was illiterate; when education became open to all, people began to study with enthusiasm. (2) The population census of 1959 showed that illiteracy had been eliminated in the USSR. (3). For a command-administrative system it was very important that all children received an identical upbringing and that there were pre-school institutions where parents left their children when they went to work. (4) There is a great shortage of teachers in Russia now; even in Moscow there are several thousand vacancies. (5) Expenditure on education per capita in developed countries is 24 times greater than in developing countries at present, and this gap continues to increase. (6) The USSR had always had the reputation of a highly educated country and its achievements in this field were numerous. (7) Russia is facing the gigantic task of changing the whole educational system. The change has to be done as soon as possible if Russia wants to remain a great power.

Write an essay on: "Changes in the Russian education system"
First describe the Russian education system as it was, starting from pre-school education and finishing with higher education. Say that a typical characteristic of the Soviet system, especially of primary and secondary education, was its extreme centralization and the single curriculum, which was the same for all geographical regions, no matter what surroundings they were in: rural or urban, southern or northern. Education seemed to be isolated from actual life. Emphasis was on memorising facts, rather than on their critical understanding. Say that this was justified by the principle of social equality: everybody had equal opportunities. Selection was non-existent, children with mixed abilities studied together.

Now everything is changing. There are plans to introduce selection in Russian schools, and children can start school at the age of 6 or 7, depending on their ability. There are plans to introduce specialization in the last three years of school when children choose the subjects they are going to specialise in. Say that all these changes are directed at developing the individual child's personality.

Say that a new development in Russian education is the appearance of private fee-paying schools which is a very controversial subject in Russia at the moment and questions the whole principle of social equality. Say that however a large proportion of people support the idea of private education: parents should have a choice in their children's education, and it looks as if private schools are becoming part of the Russian educational system.

Examine the changes in Russian higher education: on the one hand higher education seems to be related to the needs of the Russian economy, on the other hand the emphasis is now on the development of intellectual potential, free and independent thinking. Say that in our technological age a lot of professions quickly become obsolete, and people need constant retraining. Therefore education is becoming even more important, it is becoming continuous through working life.

РЕЛИГИЯ RELIGION

I. Religion and society: **рели́гия и о́бщество**

"to turn to religion": **обраща́ться к рели́гии**
> Мно́гие обраща́ются к рели́гии, разочарова́вшись в материа-
> али́зме - many turn to religion after becoming disillusioned with
> materialism.

"value": **це́нность**
> Религио́зные це́нности приобрета́ют осо́бую ва́жность в бы́вшем
> коммунисти́ческом о́бществе - religious values acquire special
> importance in a former communist society.

"moral values": **нра́вственные це́нности**
> Знако́мство с рели́гией в де́тстве воспи́тывает нра́вственные
> це́нности - familiarity with religion in childhood develops moral values.

"moral foundations": **мора́льные усто́и**
> Рели́гия необходи́ма для поддержа́ния мора́льных усто́ев
> о́бщества - religion is essential for maintaining society's moral
> foundations.

"religiosity, level of religious belief": **религио́зность**
> В двадца́том ве́ке наблюда́ется упа́док религио́зности о́бщества
> - the twentieth century has seen a decline in religiosity.

"faith and unbelief": **ве́ра и неве́рие**
> Цивилизо́ванное о́бщество коле́блется ме́жду ве́рой и неве́рием
> - civilised society is poised between faith and unbelief.

"to believe in God": **ве́рить в Бо́га**
> У ка́ждого челове́ка должно́ быть пра́во ве́рить в Бо́га - every
> person must have the right to believe in God.

"believer": **ве́рующий**
> Официа́льная пропага́нда утвержда́ла, что в СССР не
> существу́ет дискримина́ции про́тив ве́рующих - official propaganda
> claimed that there was no discrimination against believers in the USSR.

"to preach": проповéдовать

    Тепéрь в Росси́и, как на За́паде, проповéдуют свою́ вéру представи́тели мно́гих рели́гий - now in Russia, as in the West, representatives of many religious are preaching their faith.

"preacher": проповéдник

    Нерéдко в Росси́и мо́жно услы́шать призы́в: пора́ запрети́ть дéятельность иностра́нных проповéдников - in Russia you can often hear the call: it is time to ban the activity of foreign preachers.

"to persecute": преслéдовать

    Нельзя́ преслéдовать человéка за егó религио́зные убеждéния - a person should not be persecuted for his religious convictions.

"fanaticism": фанати́зм

    Нéкоторые счита́ют, что бéдность порожда́ет фанати́зм, котóрый, в свою́ óчередь, ведёт к религио́зным конфли́ктам - some people consider that poverty breeds fanaticism which in its turn leads to religious conflict.

"atheism": атеи́зм

    В коммунисти́ческом óбществе пропаганди́ровался атеи́зм, не разреша́лось свобо́дно исповéдовать рели́гию - in Communist society atheism was promoted and it was not permitted to practise one's religion freely.

"atheist": атеи́ст, безбóжник

    Согла́сно да́нным социологи́ческого исслéдования убеждённых атеи́стов в Росси́и стано́вится всё мéньше - according to sociological research data there are fewer and fewer convinced atheists in Russia.

"spiritual life": духо́вная жизнь

    К сожалéнию, духо́вная жизнь в совремéнном ми́ре нерéдко вытесня́ется материали́змом - unfortunately in the modern world spiritual life is displaced by materialism.

"outlook on the world": мировоззрéние

    Пóиски религио́зного мировоззрéния - характéрная и ва́жная черта́ совремéнной интеллигéнции - the search for a religious outlook is a characteristic and important feature of the contemporary intelligentsia.

Фа́кты для размышле́ния

1. Наибо́лее распространённая из мировы́х рели́гий - христиа́нство. Оно́ включа́ет три ве́тви - католи́ческую, протеста́нтскую и правосла́вную. Его́ испове́дуют преиму́щественно в Евро́пе, Аме́рике (Се́верной и Ю́жной) и Австра́лии. Исла́м (мусульма́нство) явля́ется госуда́рственной рели́гией почти́ в 30 стра́нах ми́ра, располо́женных, гла́вным о́бразом, в А́зии и А́фрике. Будди́зм распространён в Центра́льной и Восто́чной А́зии - the most widespread of the world's religions is Christianity. It includes three branches - Roman Catholic, Protestant and Orthodox. It is professed predominantly in Europe, America (North and South) and Australia. Islam is the state religion in almost thirty countries of the world situated mainly in Asia and Africa. Buddhism is widespread in Central and East Asia.

2. Проведённые в 80-х года́х в США опро́сы показа́ли, что то́лько 6% отрица́ют существова́ние Бо́га, а бо́лее восьми́десяти проце́нтов «ве́рят в Бо́га, как они́ Его́ понима́ют». Бо́льшая часть из них представля́ют себе́ Бо́га как не́кое добро́, гума́нность, ра́зум, вселе́нная и т.д. - polls conducted in the USA in the 80s showed that only 6% denied the existence of God, while over 80% "believe in God as they understand Him". Most of them imagine God as some kind of goodness, humaneness, intellect, universe, etc.

3. Есть ве́ские основа́ния предполага́ть, что утвержде́ние «Я ве́рю в Бо́га» скоре́е сле́дует понима́ть как фо́рму отверже́ния атеи́зма, не́жели как призна́ние в осо́знанной и глубо́кой ве́ре - there are weighty grounds for supposing that the claim "I believe in God" should be taken rather as a form of rejecting atheism than as an admission of conscious and profound faith.

4. Рост религио́зности в Росси́и, очеви́дно, явля́ется результа́том распа́да существова́вшей систе́мы це́нностей и заполне́нием того́ ва́куума, кото́рый образова́лся на ме́сте коммунисти́ческой идеоло́гии - the growth in religiosity in Russia is evidently a result of the collapse of the system of values which had existed and is the filling of the vacuum which had formed in the place of communist ideology.

5. Интере́сная тенде́нция - рост религио́зности среди́ молодёжи, хотя́ религио́зность среди́ молодёжи име́ет ряд осо́бенностей. Для молодёжи типи́чны состоя́ние по́исков, отка́з от. материали́зма и неприя́тие традицио́нной религио́зной идеоло́гии. Молодёжь в своём большинстве́ ориенти́рована на за́падные полити́ческие це́нности прав челове́ка. В её среде́ широко́ распространены́ пацифи́стские настрое́ния - an interesting trend is the increase in the level of religious belief among young people, although religiosity among the young has a number of specific characteristics. A state of quest, rejection of materialism and non-acceptance of traditional religious ideology are typical for young people. In a majority of cases young people are inclined towards western political values on human rights. Among them pacifist tendencies are very widespread.

Answer the following questions:
1. Кого́ сего́дня мо́жно назва́ть ве́рующим?
2. Как вы счита́ете, коли́чество ве́рующих в настоя́щее вре́мя растёт и́ли па́дает?
3. Нужна́ ли рели́гия в о́бществе?
4. Почему́ в Росси́и наблюда́ется рост религио́зности?
5. Чем объясня́ется популя́рность рели́гии среди́ молодёжи Росси́и?

II. Christianity in Russia: христиа́нство в Росси́и

"Christian": христиа́нин, (pl христиа́не)
   Среди́ христиа́н бо́льше же́нщин, чем мужчи́н - among Christians there are more women, than men.
   Всё бо́льше люде́й счита́ют себя́ христиа́нами вообще́ - more and more people loosely consider themselves Christians.

"to profess Christianity": испове́довать христиа́нство
   Деся́тки миллио́нов люде́й в Росси́и испове́дуют христиа́нство - tens of millions of people in Russia profess Christianity.

"Orthodoxy": правосла́вие
   Традицио́нно правосла́вие в Росси́и бы́ло госуда́рственной и этни́ческой рели́гией ру́сского наро́да - Orthodoxy has traditionally been the official and the national religion of the Russian people.

"Catholicism": католичество

Православные власти утверждают, что в России появилась опасность распространения католичества миссионерами из западных стран - Orthodox authorities insist that there is a danger in Russia of the spread of Catholicism by missionaries from Western countries.

"Baptists": баптисты

Многие проповедники, приезжающие в Россию, - баптисты - many of the preachers coming to Russia are Baptists.

"patriarch": патриарх

Глава Православной Церкви патриарх Алексий II пользуется высоким авторитетом у верующих - the head of the Orthodox Church Patriarch Aleksii II enjoys great authority among the faithful.

"clergy": духовенство

Даже на заседаниях Думы можно видеть представителей духовенства - one can even see representatives of the clergy at sessions of the Duma.

"priest": священник

Православный священник должен иметь крепкое здоровье - службы бывают весьма длинными - an Orthodox priest has to be fit - services can be extremely long.

"service": богослужение, служба

Интересно, почему пожилые люди посещают богослужения чаще, чем молодёжь - I wonder why elderly people attend services more often than the young.

В Москве сейчас 267 храмов, в которых совершается служба - there are now 267 churches in Moscow in which services take place.

"to christen": крестить

Возросло число людей, желающих креститься - the number of people wishing to be christened has grown.

"baptised, christened": крещёный

Всё больше крещёных среди молодёжи - more and more young people are christened.

"Christening": креще́ние

Креще́ние новоро́жденного ста́ло обяза́тельным обря́дом - Christening a new-born child has become an obligatory rite.

"wedding": венча́ние

Вновь распространя́ется венча́ние в це́ркви - getting married in chruch is again becoming common.

| ОПРОС |

Рост интереса к рели́гии подтверждается социологическими исследованиями. Пример — итоги опроса об отношении к главным церковному и пролетарскому праздникам.

ПРАЗДНОВАЛИ ЛИ ВЫ ПАСХУ В ЭТОМ ГОДУ?

ПРАЗДНОВАЛИ ЛИ ВЫ 1 МАЯ В ЭТОМ ГОДУ ?

НЕТ 18% 82% ДА

НЕТ 50% 50% ДА

Опрос проведен ВЦИОМ в мае. Опрошены 1560 человек.

"Easter": Па́сха

В правосла́вной рели́гии са́мым ва́жным пра́здником явля́ется Па́сха - in the Orthodox religion the most important festival is Easter.

"Christmas": Рождество́ Христо́во

Пра́зднование Рождества́ Христо́ва вновь ста́ло официа́льным пра́здником - Christmas has again become an official holiday.

"Bible": Библия

В Ве́тхом Заве́те Би́блии расска́зывается исто́рия евре́йского наро́да до на́шей э́ры, то есть - до рожде́ния Христа́ - the Old Testament of the Bible tells the story of the Jewish people BC, that is, before the birth of Christ.

"New Testament": Но́вый Заве́т

В Но́вом Заве́те соде́ржится Ева́нгелие (исто́рия жи́зни Христа́) и ряд книг о жи́зни и мышле́нии ра́нних христиа́н - the New ·Testament contains the Gospel (the story of Christ's life) and a number of books about the life and thought of the early Christians.

"parish: прихо́д

Есть наде́жда, что но́вые ве́рующие бу́дут бо́лее акти́вны в жи́зни прихо́да - there is hope that new believers will be more active in parish life.

"parishioner": прихожа́нин (pl прихожа́не)

Говоря́т, что ве́рующая молодёжь составля́ет 20% прихожа́н - it is said that young believers make up 20% of parishioners.

"tolerant, tolerance": терпи́мый, терпи́мость

Правосла́вные ве́рующие обы́чно демонстри́руют высо́кий у́ровень терпи́мости к други́м рели́гиям и наро́дам, одна́ко в це́лом, они́ бо́лее нетерпи́мы, чем неве́рующие - Orthodox believers usually demonstrate a high level of tolerance towards other religions and peoples, however they are on the whole more intolerant than non-believers.

"dogma": догма́т

Не все христиа́не ве́рят во все догма́ты христиа́нства - not all Christians believe in all the dogma of Christianity.

Фа́кты для размышле́ния

1. В формирова́нии и укрепле́нии Росси́йского госуда́рства ва́жную роль сыгра́ла правосла́вная ве́ра. Она́ была́ для ру́сских люде́й духо́вной опо́рой, помога́ла им противостоя́ть мусульма́нскому Восто́ку и католи́ческому За́паду, кото́рые на определённых истори́ческих эта́пах угрожа́ли их госуда́рственному существова́нию - the Orthodox faith played an important part in forming and strengthening the Russian state. It was for the Russians their spiritual support, it helped them resist the Moslem East and the Catholic West which at certain stages in history threatened their existence as a state.

2. Правосла́вная Це́рковь воспи́тывала чу́вства патриоти́зма и пре́данности о́бществу (Руси́-ма́тушке), внуша́ла иде́и об осо́бом пути́ Росси́и, составля́ющие важне́йшие компоне́нты полити́ческого созна́ния россия́н - the Orthodox Church cultivated feelings of patriotism and devotion to society (to Mother Russia) and instilled ideas of Russia's special path which comprise the crucial components of Russian people's political consciousness.

3. Иде́я вели́чия и богоизбра́нности со́бственного наро́да характе́рна для большинства́ рели́гий. Э́та иде́я прохо́дит че́рез исто́рию почти́ всех существу́ющих на земле́ наро́дов, спосо́бствуя их консолида́ции в са́мые тру́дные для них времена́ - the idea of one's own people's greatness and of its being chosen by God is typical of most religions. This idea runs through the history of almost all the nations existing on earth, assisting their consolidation in their most difficult times.

4. Рели́гия явля́ется неотъе́млемой ча́стью о́браза жи́зни люде́й. Когда́ привы́чный укла́д жи́зни подверга́ется опа́сности, то и́менно его́ религио́зные и мора́льные це́нности ока́зываются те́ми опо́рами, кото́рые защища́ют его́, а вме́сте с ним и обще́ственную систе́му от по́лного разруше́ния - religion is an integral part of people's way of life. When its usual lifestyle is in danger it is its religious and moral values that emerge as the supports which protect it from total destruction, and together with it the social system.

5. По да́нным Всеросси́йского це́нтра изуче́ния обще́ственного мне́ния, большинство́ россия́н (53%) счита́ют себя́ ве́рующими, неве́рующими на́звали себя́ 34% уча́стников опро́са, а 13%

затрудни́лись дать отве́т - according to data from the Russian Centre for the Study of Public Opinion the majority of Russian citizens (53%) consider themselves believers, 34% of those taking part in the poll called themselves nonbelievers, and 13% were 'don't knows'.

Answer the following questions:
1. Каки́е религио́зные обря́ды вы зна́ете?
2. Каку́ю роль они́ игра́ют в ва́шей жи́зни?
3. Как вы отно́ситесь к религио́зным догма́там?
4. Почему́ в Росси́и наблюда́ется рост религио́зности?
5. Что характе́рно для правосла́вной рели́гии?

III.   Revival of religion in the former USSR: возрожде́ние рели́гии в бы́вшем СССР

"persecution of the church": гоне́ние на це́рковь, пресле́дование це́ркви
    Гоне́ние на це́рковь (пресле́дование це́ркви) начало́сь сра́зу по́сле револю́ции - the persecution of the church began immediately after the revolution.

"repression": репре́ссия
    В тридца́тые го́ды ма́ссовым репре́ссиям подве́рглось духове́нство всех рели́гий в СССР - the clergy of all religions were subject to mass repression in the thirties.

"Judaism": иудаи́зм
    Несмотря́ на традицио́нный в Росси́и антисемити́зм иудаи́зм продолжа́ли испове́довать на протяже́нии девятна́дцатого и двадца́того веко́в - despite the antisemitism traditional in Russia Judaism continued to practised throughout the nineteenth and twentieth centuries.

"Islam": мусульма́нство
    Са́мая бы́стро распространя́ющаяся рели́гия - мусульма́нство - Islam is the fastest growing religion.

"Moslem": мусульма́нин (pl мусульма́не)
    По́сле револю́ции в респу́бликах Сре́дней А́зии разверну́лась кампа́ния репресси́вных мер про́тив мусульма́н - after the

revolution a campaign of repressive measures against Moslems began in the republics of Central Asia.

"Islamic fundamentalist: исла́мский, мусульма́нский фундаментали́ст
Мусульма́нские фундаментали́сты откры́то отрица́ют демокра́тию, религио́зную свобо́ду, права́ челове́ка: по их мне́нию, э́то проду́кты «безбо́жного За́пада» - Islamic fundamentalists openly reject democracy, religious freedom and human rights: according to them these are the products of the "godless West".

"to defile": оскверня́ть (pf оскверни́ть)
Оскверённые и полуразру́шенные хра́мы, синаго́ги, мече́ти вновь возвраща́ются религио́зным власт́ям - defiled and half-destroyed churches and mosques are again being returned to the religious authorities.

"revival": возрожде́ние
Все рели́гии пережива́ют возрожде́ние в э́то тру́дное для Росси́и вре́мя - all religions are experiencing a revival in this difficult time for Russia.

"community": общи́на
По всей стране́ вновь возрожда́ются но́вые религио́зные общи́ны - new religious communities are reviving all over the country.

"superstition": суеве́рие
При кра́йних обстоя́тельствах лю́ди, осо́бенно необразо́ванные, предаю́тся суеве́рию - in extreme circumstances people specially the uneducated, surrender to superstition.

"charity": благотвори́тельность
Це́рковь должна́ игра́ть веду́щую роль в благотвори́тельности - the church should play the leading part in charity.

"mercy": милосе́рдие
Ни у одно́й рели́гии нет монопо́лии на милосе́рдие - no religion has a monopoly on mercy.

Фа́кты для размышле́ния

1. По́сле оконча́ния гражда́нской войны́, когда́ полити́ческая оппози́ция была́ сло́млена, Ле́нин и его́ окруже́ние осознаю́т, что основны́м препя́тствием установле́нию монопо́лии маркси́зма явля́ется рели́гия. В э́то вре́мя и создаётся для борьбы́ с рели́гией Антирелигио́зная коми́ссия при Политбюро́. В 1924 году́ коми́ссия принима́ет реше́ние о созда́нии Сою́за безбо́жников. Оскверне́ние и разруше́ние хра́мов бы́ло ча́стью большеви́стской поли́тики - after the end of the Civil War when political opposition had been broken Lenin and his entourage realised that the basic obstacle to the establishment of a monopoly of Marxism was religion. And so the Antireligious Committee attached to the Politburo was created at this time to fight against religion. In 1924 the committee took the decision to create the Union of Atheists. Desecration and destruction of churches was part of Bolshevik policy.

2. Во́инствующими безбо́жниками из Антирелигио́зной коми́ссии была́ объя́влена безбо́жная пятиле́тка, был соста́влен конкре́тный план ликвида́ции рели́гии к 1937 году́, по кото́рому к 1932-1933 гг. должны́ быть закры́ты все це́ркви, моли́твенные дома́ и други́е вне́шние при́знаки рели́гии к 1937 году́;
к 1934-1935 гг. страна́, в ча́стности молодёжь, должны́ быть охва́чены тота́льной антирелигио́зной пропага́ндой;
к 1935-1936 гг. должны́ исче́знуть после́дние моли́твенные дома́ и все священнослужи́тели;
к 1936-1937 гг. рели́гия должна́ быть и́згнана из са́мых укро́мных её уголко́в - a godless five-year plan was declared by militant atheists from the Antireligious Committee, a precise plan for eradicating religion by 1937 was drawn up according to which all churches, prayer houses and other external signs of religion were to be closed by 1932-1933;
by 1934-1935 the country, particularly the young people, had to be involved in total anti-religious propaganda;
by 1935-1936 the last prayer houses and clergy had to disappear;
by 1936-1937 religion had to be driven out from its most secluded hiding places.

3. При Хрущёве в 1958-64 года́х начали́сь но́вые гоне́ния на це́рковь, При нём в нача́ле 60-х годо́в бы́ло ликвиди́ровано 4683 церко́вные общи́ны, закры́то 44 монастыря́, разру́шены ты́сячи церкве́й - in 1958-1964 under Khrushchev new persecution of the church began. Under him at the

beginning of the 60s 4683 church communities were abolished, 44 monasteries closed and thousands of churches destroyed.

4. Поли́тика госуда́рства в отноше́нии к Ру́сской Правосла́вной Це́ркви на рубеже́ 50-60-х годо́в характеризова́лась двумя́ основны́ми ли́ниями: пе́рвая - наступле́ние на це́рковь с це́лью её вытесне́ния из обще́ственной сфе́ры и втора́я - акти́вное её испо́льзование в госуда́рственных интере́сах и на междунаро́дной аре́не - state policy in relation to the Russian Orthodox Church at the turn of the 50s and 60s was characterised by two basic courses: first - an advance against the church with the aim of squeezing it out of the public sphere, and second - its active use in the interests of the state and in the international arena.

5. Религио́зные по́иски характе́рная и ва́жная черта́ совреме́нной интеллиге́нции. О́чень высока́ религио́зность среди́ представи́телей гуманита́рных профе́ссий, осо́бенно рабо́тников культу́ры. Пони́женная религио́зность характе́рна для инжене́ров на произво́дстве и рабо́тников нау́ки. Наиме́нее религио́зны профессиона́льные рабо́чие - the search for religious truth is a characteristic and important feature of the contemporary intelligentsia. Religiosity is very high among representatives of professions concerned with the humanities, specially those working in the cultural field. Reduced religious belief is typical for factory engineers and those who work in science. Skilled workers are the least religious of all.

Answer the following questions:
1. Почему́ большевики́ повели́ борьбу́ с рели́гией?
2. Каки́е фо́рмы пресле́дования рели́гии в бы́вшем СССР вы зна́ете?
3. Что тако́е Сою́з воѝнствующих безбо́жников?
4. Удало́сь ли большевика́м поко́нчить с рели́гией?
5. Почему́, по ва́шему мне́нию, бы́ло возрожде́ние рели́гии во вре́мя войны́?
6. Каки́е приме́ры возрожде́ния рели́гии в Росси́и вы зна́ете?
7. Каку́ю роль, по ва́шему мне́нию, должна́ игра́ть це́рковь в совреме́нном о́бществе?
8. Должна́ ли це́рковь уча́ствовать в поли́тике?
9. Как вы ду́маете, в бу́дущем роль рели́гии возрастёт и́ли нет?

Exercises:

1. *Decide on the short or long Past Passive Participle*:
проведённый *or* проведён
В прóшлом годý в Москвé ... интерéсный опрóс об отношéнии к
релúгии. Опрóс, ... в Москвé в прóшлом годý, обнарýжил интерéсные
фáкты.
постáвленный *or* постáвлен
Мнóгие не хотéли дать прямóй отвéт на ... нáми вопрóс. Вопрóс ...
слúшком прáмо.
распространённый *or* распространён
Наибóлее ... релúгия - христиáнство. Христиáнство ... на всех
континéнтах земнóго шáра.

2. *Form the Past Gerund (verbal adverb) from these perfective reflexive verbs:*
(разочаровáться) Мнóгие лю́ди обращáются к релúгии, ... в
коммунúзме. (воспóльзоваться) ... дáнными опрóса, áвтор написáл
интерéсную статью́. (убедúться) ... в правотé своегó оппонéнта, он
изменúл своё мнéние. (обратúться) ... к релúгии, он пóнял пустотý
своегó существовáния. (подвéргнуться) ... репрéссиям, свящéнник
вы́нужден был изменúть профéссию.

3. *Form the Present Gerund (verbal adverb) from these imperfective reflexive
verbs:*
(разочарóвываться) ... в коммунúзме, вы не обязáтельно должны́
становúться христиáнином. (пóльзоваться) ... дáнными послéднего
опрóса, мóжно состáвить интерéсную картúну изменéний в странé.
(обращáться) ... к релúгии, не стóит идеализúровать цéрковь.
(подвергáться) ... преслéдованиям в течéние 70 лет, цéрковь тем не
мéнее вы́жила.

4. *Revise the use of the verb* пóльзоваться *(+inst) (no perfective) in the
meaning of "to enjoy" used with words like:* авторитéт *(authority),* успéх
(success), слáва *(fame),* популя́рность *(popularity). Translate:*
The church enjoys great authority in Russia now. His new book enjoyed
enormous success. Their moral convictions enjoyed a deserved popularity.
Do not confuse this verb with пóльзоваться *(pf* воспóльзоваться*) (+ inst)
meaning "to use, make use of", often with words like:* возмóжность
(opportunity), слýчай *(chance),* дáнные *(data) etc. Translate:*

Taking this opportunity, I would like to thank everybody who helped me. In our article we have used data collected during the survey.

5. *Translate into Russian:*
(1) In Russia great changes are taking place now, that are spreading to all aspects of Russian life. We are especially interested in how the attitude to religion has changed as a result of all that has happened in the country. Can one say that Russia is experiencing a growth of religiosity? (2) In our work we will use information collected during recent sociological investigations conducted in Moscow. (3) According to the survey the growth of religiosity in Russia is closely linked to the collapse of the former ideological system and to the search for a philosophical outlook. This especially concerns the Russian intelligentsia. Many people are turning to religion after having experienced disillusionment in communist values. (4) The Orthodox church in contrast to other religions has always identified itself with the idea of a strong state. Traditionally Orthodoxy was the state religion of Russia and in the course of Russian history has always encouraged the spread of Russian nationalism. (5) The aim of the Bolsheviks after they came to power was the complete eradication of religion in Russia. Millions of priests and believers were killed, thousands of churches were defiled or completely destroyed. (6) Official Soviet propaganda declared that in the USSR it was forbidden to persecute a person for his religious convictions and that in the USSR no discrimination against believers existed. (7) Not many people agree that the Church should play an active part in the political life of the country; they are against the Church supporting political parties or taking part in elections.

Write an essay on: "The Changing Attitude to Religion in Russia"
    Say that the Russian government has completely abandoned the original Soviet policy of persecuting religious believers.
    Examine the previous antireligious policies: what was the ultimate aim of Lenin and the Bolsheviks in relation to religion? What were the policies of Khrushchev in the 1950-60s?
    Say that despite such policies the authorities did not succeed in repressing religious beliefs: people continued to be attracted to religious values and the churches continued to work.
    Say that in the past the government always used religion in their own interests when it was needed: during the "Great Fatherland War" the government used the church for patriotic purposes (as a unifying force in the fight against the Germans), and in the post war years the Church was used on the international arena to promote peace campaigns.
    Show how *perestroika* and *glasnost'* have affected the situation. Many half-destroyed churches were given back to the Church, many are being restored now,

many new ones are being built, Sunday (воскресный) schools are being opened everywhere, religious education is booming, there is a great demand for religious ceremonies (christening, weddings etc.), religious festivals of Christmas and Easter have become official holidays.

Give some examples from Russian surveys: show how the number of believers has grown in Russia.

Analyse the reasons behind the growth of the popularity of religion in Russia. Say that a lot of people turn to religion as a result of their disillusionment in communism as a world outlook. The collapse of communist society created a spiritual vacuum, and this vacuum has had to be filled by something else. Of course Russian society needs to return to moral values, and religion for many people represents a universal Good, humanity and kindness.

Say how you see the role of Religion. Do you think that the Church should play a part in politics, or should the role of the Church be restricted to answering the spiritual demands of believers, spreading moral values among the people, doing charity work, looking after the sick and the old?

ЖЕНСКИЙ ВОПРОС   THE ISSUE OF WOMEN'S RIGHTS

I. Women's rights: равнопра́вие же́нщин, права́ же́нщин

Борьба́ за равнопра́вие (за права́) же́нщин ещё не ко́нчилась -
the struggle for women's rights is not over yet.

"equality": ра́венство
Конститу́ция утвержда́ла по́лное ра́венство поло́в - the
constitution affirmed total equality of the sexes.

"sexual discrimination": полова́я дискримина́ция
И в обще́ственной, и в экономи́ческой жи́зни во всех стра́нах
распространена́ полова́я дискримина́ция - sexual discrimination is
widespread in all countries both in social and in economic life.

"on an equal footing with": наравне́ с, на ра́вных с (+ *instr*)
Наравне́ с мужчи́ной же́нщина труди́лась во всех областя́х
наро́дного хозя́йства - women have worked on an equal footing with
men in all fields of the economy.
Же́нщина должна́ уча́ствовать на ра́вных с мужчи́нами в
поли́тике - women should take part in politics on an equal footing with
men.

"equal opportunites": ра́вные возмо́жности
Же́нщина должна́ име́ть ра́вные с мужчи́ной возмо́жности для
профессиона́льного ро́ста - women should have equal opportunities to
men for promotion.

"equal pay": ра́вная опла́та труда́
Весьма́ распространены́ наруше́ния зако́на о ра́вной опла́те
труда́ для же́нщин - infringements of the law on equal pay for women
are extremely widespread.

"traditional attitudes": традицио́нные предрассу́дки
Что́бы преодоле́ть традицио́нные предрассу́дки по отноше́нию к
же́нщинам, бы́ли организо́ваны демонстра́ции и ми́тинги - in
order to overcome traditional attitudes towards women rallies and
demonstrations were organised.

"disdain": пренебреже́ние

Традицио́нное мужско́е пренебреже́ние к «же́нским дела́м» в до́ме весьма́ усто́йчиво - traditional male disdain for "women's work" in the home is very persistent.

"sexual stereotype": сексуа́льный стереоти́п

Несмотря́ на зако́ны о же́нском равнопра́вии мно́гие приде́рживаются сексуа́льных стереоти́пов: же́нская рабо́та - мужска́я рабо́та - despite laws on women's equality people cling on to sexual stereotypes: women's work versus men's work.

"social inequality": бытово́е нера́венство

Чу́вствуя себя́ материа́льно незави́симой, же́нщина не мо́жет мири́ться с бытовы́м нера́венством в семье́ - since she feels economically independent a woman cannot reconcile herself to social inequality in the family.

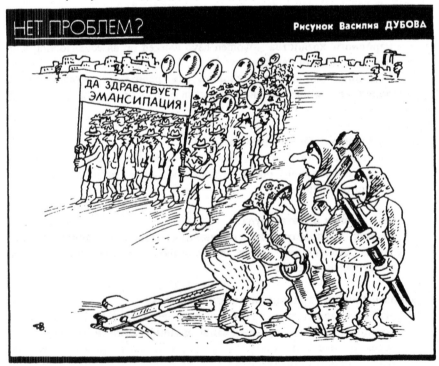

(из ру́сской прессы)

"to work part-time": труди́ться непо́лный рабо́чий день

Немно́гие же́нщины с ма́ленькими детьми́ име́ют возмо́жность труди́ться непо́лный рабо́чий день - few women with small children have the chance to work part-time.

"flexi-time": ги́бкий гра́фик

Же́нщинам предоставля́ется возмо́жность рабо́тать по ги́бкому гра́фику, то есть в наибо́лее удо́бное для них вре́мя - women are being offered the opportunity to work flexi-time, i.e. at the time most convenient for them.

Фа́кты для размышле́ния

1. По да́нным социологи́ческих иссле́дований же́нщины составля́ют 53% населе́ния бы́вшего СССР. Среди́ специали́стов со сре́дним и вы́сшим образова́нием же́нщины составля́ют 59%. Но же́нщины не занима́ют руководя́щих посто́в ни в поли́тике, ни в администра́ции, ни в промы́шленности, ни в нау́ке. Же́нский труд преоблада́ет в здравоохране́нии, образова́нии, культу́ре. Типи́чные же́нские профе́ссии: врач, медсестра́, учи́тельница, секрета́рь, тексти́льщица, доя́рка - according to the results of sociological studies women make up 53% of the population of the former USSR. Among trained personnel with secondary and higher education women make up 59%. But women do not occupy positions of leadership either in politics, or in administration, or in industry, or in science. Female labour predominates in the health service, education, culture and trade. Typical professions for women are: doctor, nurse, teacher, secretary, textile worker, milkmaid.

2. В сре́днем по всей стране́ же́нщина, де́лающая ту же рабо́ту, получа́ет на 30% ме́ньше, чем мужчи́на. Э́то настоя́щая дискримина́ция. Появи́лось ещё мне́ние, что же́нщина должна́ сиде́ть до́ма, а мужчи́на до́лжен зараба́тывать де́ньги. Говори́ть тако́е в Росси́и, где 10 миллио́нов же́нщин должны́ рабо́тать, чтобы воспи́тывать дете́й без муже́й, нельзя́ - on average across the whole country a woman doing the same work as a man earns 30% less. This is real discrimination. On top of that people have begun to think that a woman should stay at home, and the man should earn money. To say anything like that in Russia where 10 million women have to work to bring up children without husbands is impossible.

3. Примеры дискриминации против женщин особенно очевидны в области образования, где существуют определённые квоты для женщин в престижных университетах или институтах, открывающих доступ к ключевым постам в структуре власти. К концу 1980 г. женщины составляли только 5.6% руководящих директоров, хотя 61% специалистов - женщины. В 1992 году женщины составляли 73.5% безработных с высшим образованием - examples of discrimination against women are particularly obvious in the area of education, where there exist set quotas for women in prestige universities and institutes which open the way to key posts in the power structure. By the end of 1980 women made up only 5.6% of top managers, although 61% of trained personnel were women. In 1992 women made up 73.5% of unemployed with higher education.

4. Во всех развитых странах наблюдается тенденция уменьшения количества женщин, желающих быть домохозяйками. Женщины активно овладевают профессиями, которые до недавнего времени считались мужскими. В большинстве развитых стран половая дискриминация при принятии на работу является нелегальной, а во многих странах созданы специальные агенства по соблюдению этого закона - a trend can be observed in all developed countries for the number of women wishing to be housewives to decrease. Women are energetically mastering professions which until recently were thought of as men's. In most developed countries sexual discrimination in employment for work is illegal, and in many countries special agencies to ensure observance of this law have been set up.

5. Всё чаще в России можно видеть объявления о приглашении на работу типа: «Требуется девушка-секретарь, стройная, с привлекательной внешностью, возраст от 18 до 22 лет. Оплата по договорённости» - more and more often in Russia you can see job notices such as: "Girl secretary required, good figure with attractive appearance, age 18 to 20. Pay to be negotiated".

Answer the following questions:
1. Как вы понимаете равенство между мужчиной и женщиной?
2. Есть ли случаи нарушения равноправия в вашей стране?
3. Существуют ли сексуальные стереотипы в России и в вашей стране?
4. Какие случаи дискриминации против женщин в России вы знаете?
5. Должна ли быть разница между мужскими и женскими профессиями?

6. Освободи́ла ли револю́ция ру́сскую же́нщину от дома́шнего хозя́йства?

II.   Woman and the family: же́нщина и семья́:

"pregnant": бере́менная
Же́нщине, да́же бере́менной, прихо́дится забо́титься о благополу́чии семьи́ - a woman, even when pregnant, has to concern herself with the well-being of the family.

"pregnancy": бере́менность
В совреме́нном о́бществе же́нщине ча́сто прихо́дится выбира́ть ме́жду бере́менностью и карье́рой - in modern society a woman often has to choose between pregnancy and a career.

"maternity leave": декре́тный о́тпуск, о́тпуск по бере́менности
Ка́ждой же́нщине, жду́щей ребёнка, предоставля́ется декре́тный о́тпуск - every woman expecting a child is granted maternity leave.

"to give birth": рожа́ть (pf роди́ть)
В связи́ с тяжёлым экономи́ческим положе́нием мно́гие же́нщины отка́зываются рожа́ть - due to the difficult economic situation many women are refusing to have children.

"to be born": рожда́ться (pf роди́ться)
Стати́стика подтвержда́ет, что дете́й рожда́ется всё ме́ньше - statistics confirm that fewer and fewer children are being born.

"care, concern": забо́та
Забо́та о рабо́тающей же́нщине, же́нщине-ма́тери должна́ быть гла́вным направле́нием социа́льной поли́тики - concern for the working woman and the woman with children should be the main direction of social policy.

"housekeeping": дома́шнее хозя́йство
Дома́шнее хозя́йство: сти́рка, гото́вка, убо́рка кварти́ры, ухо́д за ребёнком, как пра́вило, лежи́т на плеча́х же́нщины - as a rule, housekeeping - the washing, cooking, cleaning the flat, looking after the child - lies on the woman's shoulders.

"housewife": дома́шняя хозя́йка
Удиви́тельно, что труд дома́шней хозя́йки счита́ется непрести́жным заня́тием - it is suprising that a housewife's work is thought of as not a prestige occupation.

"large family" многоде́тная семья́
Многоде́тные се́мьи стано́вятся ре́дкостью в Росси́и: большинство́ же́нщин предпочита́ет одного́, двух дете́й - large families are becoming a rarity in Russia: most women prefer one or two children.

"single mother": мать-одино́чка, одино́кая мать
Рост числа́ матере́й-одино́чек характе́рен для мно́гих ра́звитых стран - a growth in the number of single mothers is typical for many developed countries.
Неда́вно госуда́рство вновь повы́сило посо́бия матеря́м-одино́чкам - the state has recently raised the allowances for single mothers.

"family planning": плани́рование семьи́
По мно́гим ра́зным причи́нам плани́рование семьи́ стано́вится ва́жным фа́ктором в семе́йной жи́зни - for many different reasons family planning is becoming an important factor in family life.

"to divorce": разводи́ться (pf развести́сь)
Ча́ще всего́ разво́дятся те, кто ра́но же́нится - the ones who marry early divorce most often.

"divorce": разво́д
Социо́логи утвержда́ют, что две тре́ти разво́дов па́дает на се́мьи, существова́вшие ме́нее пяти́ лет - sociologists state that two thirds of all divorces fall on families in being for less than five years.

"head of the family": глава́ семьи́
По да́нным после́дней пе́реписи отве́т на вопро́с «Кто явля́ется главо́й семьи́?» вы́явил, что почти́ полови́на семе́й возглавля́ется же́нщиной - according to data from the last census the answer to the question "Who is the head of the family?" revealed that almost half of all families are headed by a woman.

Фа́кты для размышле́ния

1. Рожда́емость в после́днее вре́мя ре́зко упа́ла. На э́то влия́ет тяжёлое экономи́ческое положе́ние. На рожда́емости та́кже отрица́тельно ска́зывается загру́женность же́нщины по ухо́ду за до́мом и семьёй - the birth rate has fallen sharply recently. The difficult economic situation is one influence on this. Women's work-load in looking after the home and the family also has a negative effect on the birth rate.

2. До нача́ла 90-х годо́в учрежде́ний по плани́рованию семьи́ в Росси́и не́ было совсе́м. Еди́нственным спо́собом изба́виться от нежела́тельной бере́менности был або́рт. Сейча́с с це́лью плани́рования семьи́ на́чали создава́ться специа́льные це́нтры. В 1993 году́ при́нята програ́мма по плани́рованию семьи́, на́чат вы́пуск специа́льной литерату́ры - before the beginning of the 90s there were no family-planning institutions in Russia at all. Abortion was the only way to escape unwanted pregnancy. Now special centres for family planning have begun to be created. In 1993 a family-planning programme was accepted and publication of special literature begun.

3. Одна́ из причи́н, препя́тствующих бо́лее акти́вному уча́стию же́нщин в о́бществе - организа́ция семе́йной жи́зни и дома́шнего труда́. Социо́логи подсчита́ли в нача́ле 80-х годо́в, что же́нщина тра́тила в сре́днем 80 часо́в в неде́лю на дома́шнюю рабо́ту, тогда́ как для мужчи́ны э́та ци́фра была́ о́коло 20 часо́в. На обще́ние же с ребёнком у же́нщины остава́лось полчаса́ в день - one of the reasons preventing women from taking a more active part in society is the organisation of family life and house work. Sociologists calculated at the beginning of the 80s that women spent on average 80 hours per week on house work, while for men the figure was about 20 hours. Half-an-hour a day was left for a woman to have with her child.

4. Социо́логи отмеча́ют: в се́мьях, где о́ба супру́га совме́стно несу́т дома́шние нагру́зки, бо́лее 60 проце́нтов же́нщин оце́нивают свой брак как счастли́вый; а там, где нет справедли́вого распределе́ния дома́шних обя́занностей, 80 проце́нтов же́нщин выска́зывают неудовлетворённость бра́ком - sociologists note that in families where both spouses bear the burden of household chores jointly more than 60 percent of women rate their marriage as happy; but where there is no fair division of household duties 80 percent of women express dissatisfaction with their marriage.

5. Улу́чшить демографи́ческое положе́ние в стране́ мо́жет то́лько молода́я семья́, но она́ ста́ла непро́чной и малоде́тной, причём э́ти ка́чества те́сно свя́заны ме́жду собо́й. Там, где ме́ньше дете́й, - бо́льше разво́дов. Во мно́гих города́х бо́льше полови́ны числа́ бра́ков конча́ются разво́дом - the demographic situation in the country can only be improved by young families, but they are now fragile and have few children, and moreover these qualities are linked. Where there are fewer children, there are more divorces. In many towns more than half the number of marriages end in divorce.

Answer the following questions:

1. Каки́е пробле́мы испы́тывает семья́ в Росси́и?
2. Почему́ многоде́тная семья́ в Росси́и стано́вится ре́дкостью?
3. Каку́ю по́мощь ока́зывает госуда́рство рабо́тающей же́нщине-ма́тери?
4. Почему́ везде́ в ми́ре наблюда́ется рост разво́дов?
5. Существу́ет ли поли́тика плани́рования семьи́ в Росси́и?
6. Что препя́тствует акти́вному уча́стию же́нщин в о́бществе?

III.   Feminism and politics: **фемини́зм и поли́тика:**

"feminist": **фемини́стка**
Фемини́стки спо́рят ме́жду собо́й, каку́ю роль до́лжен игра́ть мужчи́на в о́бществе, когда́ же́нщины бу́дут пра́вить в ми́ре - feminists argue among themselves as to what role men should play in society when women rule the world.

"rebellion": **бунт**
Фемини́зм - э́то бунт про́тив и́миджа же́нской поко́рности, беспо́мощности и про́тив мужско́го шовини́зма - feminism is a rebellion against the female image of humility and helplessness and against male chauvinism.

"to degrade": **унижа́ть (pf уни́зить)**
Фемини́стки счита́ют, что ко́нкурс красоты́ унижа́ет досто́инство же́нщин - feminists consider that beauty contests degrade women's dignity.

"prejudice": предрассу́док

Же́нщинам прихо́дится преодолева́ть предрассу́док, что им сво́йственно сли́шком эмоциона́льное мышле́ние, что́бы быть эффекти́вными поли́тиками - women have to overcome the prejudice that their thinking is too emotional for them to be effective politicians.

"sexual harassment": сексуа́льное домога́тельство, пресле́дование

Сексуа́льное домога́тельство ста́ло весьма́ распространённым явле́нием, с кото́рым ста́лкивается люба́я рабо́тающая же́нщина - sexual harassment has become an extremely widespread phenomenon, which faces any woman who works.

Мужчи́нам не всегда́ поня́тно, каки́е де́йствия мо́жно счита́ть сексуа́льным пресле́дованием - men don't always understand which actions may be seen as sexual harassment.

"mockery": насме́шки

Когда́ же́нщина стара́ется созда́ть себе́ и́мидж в поли́тике она́ подверга́ется насме́шкам, как со стороны́ мужчи́н, так и же́нщин - when a woman tries to construct an image for herself in politics she is subjected to mockery from both men and women.

"mistrust": недове́рие

Не без основа́ния же́нщины испы́тывают недове́рие к мужчи́нам - not without justification women feel mistrust towards men.

"restricted": ущемлённый

Же́нщина всё ещё чу́вствует себя́ ущемлённой в поли́тике - women still feel themselves restricted in politics.

"representation": представи́тельство

Же́нщины тре́буют ра́вного представи́тельства мужчи́н и же́нщин в парла́менте - women are demanding equal representation of men and women in Parliament.

"to compete": соревнова́ться

Одного́ зако́на о ра́венстве поло́в недоста́точно, что́бы же́нщина могла́ успе́шно соревнова́ться с кандида́тами-мужчи́нами. - a law on equality of the sexes is not enough on its own for a woman to compete successfully with a male candidate.

"positive discrimination": положи́тельная дискримина́ция

Не́которые полити́ческие па́ртии испо́льзуют положи́тельную дискримина́цию в по́льзу же́нщин - some political parties are employing positive discrimination in favour of women.

"legislation": законода́тельство

Ну́жно законода́тельство, кото́рое защити́ло бы настоя́щие интере́сы и досто́инство же́нщин - legislation is needed to defend the real interests and dignity of women.

"centre for gender studies": центр ге́ндерных иссле́дований

В Росси́и со́здан центр ге́ндерных иссле́дований, занима́ющийся вопро́сами социа́льных взаимоотноше́ний поло́в - a centre for gender studies has been established in Russia which deals with questions of social interrelations between the sexes.

Фа́кты для размышле́ния

1. Неда́вно в Ду́бне состоя́лся Второ́й Незави́симый же́нский фо́рум. Он был организо́ван це́нтром ге́ндерных иссле́дований. На пове́стке дня бы́ли сле́дующие вопро́сы: «Поли́тика же́нщин и же́нщины в поли́тике», «Фемини́зм и же́нское движе́ние», «Же́нский би́знес», «Же́нщина и се́льское хозя́йство», «От де́вушки к же́нщине» и т.д. - the Second Independent Women's Forum was held recently in Dubna. It was organised by the centre for gender studies. The following questions were on the agenda: "The Politics of Women and Women in Politics", "Feminism and the Women's Movement", "Women's Business", "Woman and Agriculture", "From Girl to Woman", etc.

2. Полити́ческая фра́кция «Же́нщины Росси́и», была́ осно́вана в 1993 году́ Сою́зом же́нщин Росси́и, Ассоциа́цией же́нщин-предпринима́телей и Сою́зом же́нщин во фло́те. Ло́зунги фра́кции: «Без же́нщин не мо́жет быть по́длинной демокра́тии», «Бе́дность в стране́ ста́ла феминизи́рованной: у неё же́нское лицо́» - the "Women of Russia" political bloc was founded in 1993 by the Women's Union of Russia, the Association of Women Entrepreneurs and the Union of Women in the Navy. The bloc's slogans are: "There can be no real democracy without women", "Poverty in the country has become feminized: it has a female face".

3. Вот мне́ния же́нщин о же́нщинах: - here are the opinions of women about women:

1) Гали́на Чубко́ва (фра́кция «Же́нщины Росси́и»):
Же́нщина нужна́ в поли́тике не для украше́ния. Она́ нужна́ в поли́тике и́менно со свои́м интелле́ктом, свои́м консервати́змом, осно́ванным на традицио́нных це́нностях: семья́, благополу́чие старико́в, дете́й, молодёжи ...
- Galina Chubkova ("Women of Russia" fraction):
Women are needed in politics not for decoration. They are needed in politics precisely with their intellect and their conservatism, based on traditional values: the family, the well-being of the old, of children, of young people ...

2) О́льга Застро́жная (фра́кция «Вы́бор Росси́и»):
Же́нщины как отде́льный класс поли́тике не нужны́. Я не счита́ю, что же́нщина должна́ занима́ться поли́тикой, э́то - мужско́е де́ло. Выдаю́щиеся поли́тики, как пра́вило, не же́нщины
- Olga Zastrozhnaya ("Choice of Russia" fraction):
Women are not needed in politics as a separate class. I don't think that women should be involved in politics, it is man's business. Outstanding politicians, as a rule, are not women.

3) Тама́ра Ле́та («Агра́рная па́ртия Росси́и»):
Е́сли мы говори́м о демократи́ческом о́бществе, то демокра́тию на́до понима́ть пре́жде всего́ как власть наро́да, а у нас бо́лее 50% населе́ния - же́нщины. Поэ́тому реше́ние госуда́рственных вопро́сов невозмо́жно без же́нщин
- Tamara Leta ("The Agrarian Party of Russia"):
If we talk about a democratic society then we should understand democracy primarily as the power of the people, but more than half the population in our country are women. Therefore the resolution of questions of state without women is impossible.

4) Ири́на Хакама́да (председа́тель Же́нского либера́льного фо́нда):
Же́нское и мужско́е нача́ла прису́тствуют во всём. В том числе́ и в поли́тике, и в эконо́мике. Ны́нешняя поли́тика дисгармони́чна, потому́ что ей не хвата́ет же́нского нача́ла, же́нской мента́льности, же́нской ло́гики. Же́нщина в си́лу психологи́ческого скла́да бо́лее прагмати́чна и разу́мна. Для США уже́ давно́ не открове́ние, что же́нская мане́ра вести́ дела́ бо́лее ги́бкая, бо́лее компроми́ссная

- Irina Khakamada (president of the Women's Liberal Foundation):
The feminine and masculine principles are present in everything. Including politics and economics. Politics today are discordant because there is not enough of the feminine principle in them, or the feminine mentality, feminine logic. Woman thanks to her psychological make-up is more pragmatic and sensible. For the USA it has long been no secret that the feminine way of conducting business is more flexible, more ready to compromise.

5) Галина Старовойтова (народный депутат):
Число женщин в высших органах власти уменьшилось. Даже при Сталине и Брежневе в среде депутатов благодаря разнорядкам 30% составляли женщины. Демократы выступили за отмену квот, и в итоге в парламенте России женщин сегодня всего 5%
- Galina Starovoitova (People' Deputy):
The number of women in the higher organs of power has decreased. Even under Stalin and Brezhnev women made up 30% among deputies thanks to the quotas. The Democrats have come out in favour of abolishing the quotas, and as a result there are only 5% of women in the Russian parliament today.

... Даже внешность женщины имеет значение при избрании кандидатов. Что тоже своего рода дискриминация. Женщине с непривлекательной внешностью труднее получить депутатский мандат, чем мужчине - even a woman's appearance matters in choosing candidates. Which is also a kind of discrimination. It is harder for a woman with an unattractive appearance to get a deputy's mandate, than for a man.

4. В 1995 году под эгидой ООН в Пекине прошла Международная конференция по правам женщин. Лозунг этой конференции - паритет, то есть 50-процентное, равное представительство мужчин и женщин в структурах власти - an International Conference on Women's Rights took place in Beijing under the aegis of the UN in 1995. The slogan of the conference is 'Parity', i.e. 50-percent, equal representation of men and women in the power structures.

5. По словам Зинаиды Батраковой, секретаря Союза юристов Москвы: «В деле о сексуальном домогательстве может применяться статья Уголовного кодекса Российской Федерации, в которой идёт речь о понуждении женщины вступить в половую связь с человеком, в отношении которого она является материально или служебно зависимым лицом» - according to Zinaida Batrakova, secretary of the Moscow

Union of Lawyers: "In a case of sexual harassment it is possible to apply that article of the Criminal Code of the Russian Federation which deals with forcing a woman into sexual relations with a man on whom her financial or professional welfare depends".

Answer the following questions:

1. Какие тру́дности, по ва́шему мне́нию, испы́тывает же́нщина-поли́тик?
2. В чём, по-ва́шему, ра́зница ме́жду мужчи́ной-поли́тиком и же́нщиной-поли́тиком?
3. Что вы ду́маете о парите́тном представи́тельстве мужчи́н и же́нщин в прави́тельстве?
4. Как вы отно́ситесь к фемини́стскому движе́нию?
5. Существу́ет ли фемини́стское движе́ние в Росси́и?
6. Чем занима́ется росси́йский Центр ге́ндерных иссле́дований?
7. Что тако́е, по ва́шему мне́нию, положи́тельная дискримина́ция?

Exercises:

1. *Insert the linking element* то *in the right case:*
На съе́зде мно́го говори́лось о ..., что на́до улу́чшить положе́ние же́нщины. Мно́гие ещё ве́рят в ..., что ситуа́ция в стране́ должна́ измени́ться к лу́чшему. К сожале́нию, мы ча́сто ста́лкиваемся с ..., что наруше́ния прав челове́ка ста́ло почти́ но́рмой в стране́. Мы уже́ привы́кли к ..., что права́ же́нщин постоя́нно ущемля́ются. Ра́ньше СССР горди́лся ..., что в стране́ дости́гнуто по́лное равнопра́вие ме́жду мужчи́ной и же́нщиной. Па́ртия «Же́нщины Росси́и» бо́рется за ..., что́бы бы́ли со́зданы но́вые рабо́чие места́ для же́нщин. Она́ про́тив ..., что́бы же́нский труд испо́льзовался на вре́дных произво́дствах.

2. *Replace the surbordinate clauses with verbal nouns for example, e.g. change:*
Ещё ра́но говори́ть о кри́зисе семьи́, несмотря́ на то, что коли́чество разво́дов за после́днее вре́мя увели́чилось *to:* несмотря́ на увеличе́ние коли́чества разво́дов.

Несмотря́ на то, что госуда́рство помога́ет многоде́тным се́мьям, их коли́чество в стране́ уменьша́ется. Из-за того́, что у́ровень жи́зни ре́зко па́дает, коли́чество дете́й в семье́ всё уменьша́ется. В результа́те того́, что прави́тельство отмени́ло кво́ту на число́ же́нщин в парла́менте, их число́ ре́зко уме́ньшилось. Благодаря́ тому́, что на предприя́тиях был введён ги́бкий гра́фик, же́нщинам ста́ло ле́гче совмеща́ть рабо́ту с ухо́дом за детьми́.

3. *Join the two sentences with the help of* кото́рый:
В Росси́и осно́вана фра́кция «Же́нщины Росси́и». Це́лью фра́кции явля́ется защи́та прав же́нщин.
Коне́чно, и ра́ньше в парла́менте бы́ли же́нщины. Э́ти же́нщины бы́ли своего́ ро́да декора́цией, фо́ном и не име́ли никако́го влия́ния.
Растёт число́ же́нщин. Э́ти же́нщины не жела́ют быть про́сто домохозя́йками.
Росси́и нужны́ но́вые зако́ны. Э́ти зако́ны защитя́т интере́сы же́нщин.

4. *Explain the meaning of these phrases:*
Тепе́рь же́нщины мо́гут рабо́тать по ги́бкому гра́фику, то есть (at the time most convenient for them).
К сожале́нию, до сих пор существу́ют сексуа́льные стереоти́пы, то есть (division into men's and women's jobs).
Мно́гие счита́ют, что в структу́рах вла́сти ну́жен парите́т, то есть (equal representation of men and women).

5. *Translate into Russian:*
(1) Equal rights for men and women were first mentioned in the Constitution of the USSR: "Woman is granted equal rights with man in all areas of economic, cultural and socio-political life". (2) It was said, that woman had equal rights to work, to equal pay and to paid holidays. But after seventy four years of Soviet power men still predominated in leading positions, although there were individual cases when women rose to high posts in the government and diplomatic service. (3) Infringements of the laws about sexual discrimination are still widespread. (4) The political alliance "Women of Russia" is against the assertion that women's place is in the kitchen and it is struggling to destroy stereotypes. Woman should have the right of choice. (5) In the conditions of the market economy it is now uneconomic to use female labour. (6) In the opinion of many Russian experts women can only exert real pressure when their representation reaches at least 30%.

Write an essay on: "The Status of Women in Russia"
Say that during the 70 years of the Communist regime there was a general view that woman had equal opportunities with man, that she had access to most jobs, that she was educated as well as man, and that some professions were entirely dominated by women.

But in reality Communism did not free woman from the burden of domestic life, and women in Russia still have to perform a double function of earning a living, as well as looking after the family and doing all the housework. Women's full involvement in the economic life of the country influenced the birthrate with couples having fewer children, and that trend being continued had a negative impact on the growth of population.

Say that what is more: women found themselves discriminated against at the higher levels of the professions with top jobs being entirely occupied by men. Say that sexual stereotypes turned out to be too strong in Russia and women found themselves trapped at home as well as being discriminated against at work. Give some examples of areas where Russian attitudes lead to women being discriminated against at work.

Describe Russia's economic situation and say that the situation for women has now become worse. With the danger of unemployment becoming reality women have found themselves the first victims of job losses. Give some statistics here. Say also that the view has reappeared that women should primarily perform their traditional role of being a mother and should stay at home looking after the children and husband. Say that this view is very dangerous for women in Russia since there are many single mothers in Russia bringing up children on their own.

Say that there are some positive developments however: women are becoming conscious of their situation, the feminist movement is emerging, a centre for gender research whose job is studying the relationship between the sexes and helping women to fight discrimination has been created. Russian women want to take an active part in politics, business etc. Give examples of successful women politicians and Russian business women.

I. Crime against the person: преступле́ние про́тив ли́чности

"to commit a crime": соверша́ть (pf соверши́ть) преступле́ние
> Тру́дно сказа́ть, что заставля́ет челове́ка соверша́ть преступле́ние - it is difficult to say what drives a person to commit crime.

"criminal": престу́пный, кримина́льный, уголо́вный
> В девяно́стые го́ды Москва́ ста́ла столи́цей престу́пного ми́ра - in the nineties Moscow became the capital of the underworld.

"a criminal": престу́пник, уголо́вник, уголо́вный престу́пник
> Престу́пники стано́вятся всё моло́же - criminals are becoming younger and younger.

**Рисунок
Виталия
ПЕСКОВА**   **(из русской прессы)**

"crime rate": **престу́пность**

Оши́бка ду́мать, что рост престу́пности свя́зан то́лько с ухудше́нием экономи́ческого положе́ния - it would be wrong to think that an increase in the crime rate is connected only to a deterioration in the economic situation.

"murder": **уби́йство**

Уби́йство ча́ще всего́ мотиви́руется ре́вностью, зло́стью и́ли отча́янием при соверше́нии друго́го преступле́ния - murder is most often motivated by jealousy, anger or desperation in the course of committing another crime.

"murderer": **уби́йца**

Тру́дно пойма́ть профессиона́льного уби́йцу: он оставля́ет ма́ло ули́к - it is difficult to catch a professional murderer: he leaves few pieces of evidence.

"to murder": **уби́йство**

Бе́дность о́чень ре́дко побужда́ет челове́ка уби́ть друго́го - poverty very rarely drives one person to murder another.

"violence": **наси́лие**

Преступле́ние счита́ется тя́жким, когда́ применя́ется наси́лие - a crime is considered serious when violence is employed.

"violent crime": **преступле́ние с примене́нием наси́лия**

Осо́бенно стро́го пресле́дуется преступле́ние с примене́нием наси́лия - violent crime is prosecuted particularly severely.

"grievous bodily harm": **тяжёлые теле́сные поврежде́ния**

Во вре́мя нападе́ния ему́ бы́ли нанесены́ тяжёлые теле́сные поврежде́ния - during the attack grievous bodily harm was inflicted on him.

"rape": **изнаси́лование**

Изнаси́лование име́ет для же́ртвы не то́лько физи́ческие, но и психологи́ческие после́дствия - rape has not only physical, but also psychological consequences for the victim.

"theft": кра́жа

Са́мое распространённое преступле́ние в Москве́ - кра́жа автомоби́лей - the most widespread crime in Moscow is car theft.

"to steal": красть (pf укра́сть)

Краду́т в основно́м иноми́рки - mainly foreign makes are stolen.

"robbery, burglary": ограбле́ние, грабёж

Ограбле́ние (грабёж) кварти́р стано́вится обы́чным явле́нием - flat burglary is becoming a regular occurrence.
Же́ртвы грабежа́ ча́сто одино́кие лю́ди - victims of robbery are often people on their own.

"to rob, burgle": гра́бить (pf огра́бить)

По доро́ге в аэропо́рт была́ огра́блена гру́ппа тури́стов - a group of tourists was robbed on their way to the airport.

"juvenile delinquency": престу́пность несовершенноле́тних

Социо́логи счита́ют, что рост престу́пности среди́ несовершенноле́тних свя́зан с ро́стом безрабо́тицы - sociologists think that the rise in the crime rate is connected with the growth of unemployment.

"juvenile delinquent": несовреше́нноле́тний (малоле́тний) престу́пник

Большинство́ краж автомоби́лей соверша́ется малоле́тними престу́пниками - most car theft is committed by juvenile delinquents.

"hooliganism": хулига́нство

Реа́кция молодёжи на ограниче́ния её свобо́ды нере́дко нахо́дит выраже́ние в хулига́нстве - young people's reactions to restrictions on their freedom often finds expression in hooliganism.

"vandalism": вандали́зм

От не́чего де́лать гру́ппы ю́ношей занима́ются бессмы́сленным вандали́змом - for lack of anything better to do groups of youths go in for senseless vandalism.

"lawlessness": беспреде́л

В усло́виях беспреде́ла не соблюда́ются не то́лько зако́ны, но и элемента́рные права́ челове́ка - in conditions of lawlessness not only are the laws not observed, but also elementary human rights.

"drug": наркóтик, наркотúческое веществó

В бы́вшем СССР потреблéние наркóтиков бы́ло весьмá ограни́ченным - in the former USSR consumption of drugs was extremely limited.

Москвá стáла транзи́тным пýнктом для э́кспорта наркоти́ческих вещéств за рубéж, обы́чно в стрáны Востóчной Еврóпы - Moscow has become the transit point for the export of narcotic substances abroad, usually to the countries of Eastern Europe.

"drug addiction": наркомáния

Серьёзным пóводом совершéния рáзных ви́дов преступлéний явля́ется наркомáния - drug addiction is a serious cause for the commission of various forms of crime.

"drug addict": наркомáн

Молоды́е наркомáны, чáсто безрабóтные, готóвы на любóе преступлéние, чтóбы добы́ть дéньги для покýпки наркóтиков - the young addicts, often umemployed, are prepared to commit any crime in order to obtain money for buying drugs.

"drug trafficking": наркоби́знес

В результáте криминогéнной ситуáции, создáвшейся в послéднее врéмя в Росси́и, бы́стро вы́рос наркоби́знес - торгóвля наркóтиками - as a result of the crime wave which has been created in Russia recently the drugs trade - dealing in narcotics - has grown quickly.

Фáкты для размышлéния

1. Поня́тие преступлéния меня́ется в зави́симости от стéпени развúтия óбщества, егó культýры. Убúйство, напримéр, считáется преступлéнием во всех цивилизóванных óбществах, однáко примити́вные нарóды и определённые грýппы в предéлах цивилизóванного óбщества мóгут смотрéть на убúйство úначе, как на своё лúчное дéло. Примéром явля́ется крóвная месть. Сюдá же отнóсятся намéренные убúйства, распространённые в нéкоторых примити́вных óбществах, как инфантиси́д, охóта за черепáми - the concept of crime varies depending on a society's level of development, its culture. Murder for instance, is considered a crime in all civilised societies. However,

primitive peoples and certain groups within the boundaries of civilised society may look on murder otherwise as their own private affair. An example is the blood feud. To the same category belong deliberate murders widespread in some primitive societies, such as infanticide or headhunting.

2. Да́же в о́бществе всео́бщего изоби́лия престу́пность не снижа́ется, но ре́зко растёт. Выхо́дит, что лю́дям, у кото́рых всё есть, на́до что-то ещё. Зна́чит, в челове́ческой приро́де, действи́тельно, зало́жен како́й-то недоста́ток: кака́я-то ве́чная жа́дность и́ли како́е-то чу́вство неудовлетворённости - да́же когда́ всё есть. Мо́жет быть, сле́дует согласи́ться с тем, что существу́ет не́кий «ген престу́пности», передаю́щийся по насле́дству и заставля́ющий челове́ка соверша́ть а́кты наси́лия. Но уда́стся ли о́бществу поко́нчить с престу́пностью, е́сли учёным уда́стся вы́делить э́тот ген? - even in a society of universal sufficiency the crime level is not decreasing, but climbing steeply. It emerges that people who have everything need something more. That means that there is a fault implanted in human nature: some eternal greed, or some sense of dissatisfaction - even when there is everything. Perhaps we should agree with the idea that there exists a certain "criminality gene", inherited and forcing a person to commit acts of violence. But will society succeed in putting an end to crime, if scientists manage to isolate this gene?

3. Дока́зано, что в тоталита́рном госуда́рстве и́ли в о́бществе с си́льной, о́бщей идеоло́гией соверша́ется значи́тельно ме́ньше преступле́ний, чем в свобо́дном, демократи́ческом ми́ре. В бы́вшем СССР престу́пность, осо́бенно среди́ молоды́х, была́ о́чень ни́зкая. Взрыв престу́пности произошёл, когда́ начался́ перехо́д от тоталитари́зма к демокра́тии, и всё, что ра́ньше бы́ло запрещено́, ста́ло дозво́ленным. Мо́жет быть, что́бы не́ было преступле́ний, на́до, что́бы у всех была́ о́бщая цель? - it has been proved that in a totalitarian state or in a society with a strong, common ideology significantly fewer crimes are committed than in the free, democratic world. In the former USSR the crime rate, especially among the young, was very low. The crime explosion occurred when the transition from totalitarianism to democracy began, and everything that had earlier been prohibited became permissible. Perhaps, in order for there to be no crime, everyone should have a common goal?

4. Не́которые стара́ются доказа́ть, что сце́ны наси́лия по телеви́дению, сце́ны, изобража́ющие «рома́нтику» престу́пной де́ятельности, стимули́руют рост престу́пности. Изве́стны слу́чаи,

когда преступления совершались точно в соответствии со сценарием показанного фильма - some people are trying to prove that scenes of violence on television, scenes depicting the "romanticism" of criminal activity, encourage the growth in the crime rate. Cases are known when crimes were committed corresponding exactly to the scenario of a film that had been shown.

5. В последнее время получить доступ к наркотическим веществам стало намного проще. Причин тому несколько. Во-первых, из соседних республик в Россию стали поступать дешёвые наркотики. Во-вторых, рост преступности привёл к тому, что из больниц воруют наркосодержащие медицинские препараты. И в-третьих, резко возросло производство синтетических наркотиков - it has become much easier recently to obtain access to narcotic substances. There are several reasons for this. Firstly, cheap narcotics have begun to enter Russia from neighbouring republics. Secondly, the growth in the crime-rate has led to narcotics-containing medicines being stolen from hospitals. And thirdly, the production of synthetic narcotics has increased sharply.

6. На территории России в одном 1993 году было выявлено 296 подпольных лабораторий, производящих различные виды наркотиков (в два раза больше, чем в 1992 году). По оценкам милицейцких экспертов в одной только Москве более пятисот тысяч человек регулярно употребляют наркотики - in 1993 alone 296 underground laboratories producing various forms of narcotics were discovered in Russia (twice as many as in 1992). According to estimates by experts in the militia there are over five hundred thousand people regularly using drugs in Moscow alone.

Answer the following questions:
1. Каковы, по вашему мнению, причины роста преступности в бывшем СССР?
2. Какая, по-вашему, связь между преступностью и телевидением?
3. Какие преступления, по вашему мнению, являются наиболее тяжкими?
4. Как можно уменьшить преступность в обществе?
5. Какие виды преступлений стали особенно распространёнными в России?
6. Почему наркобизнес стал распространённым явлением в России?

II.   Organised crime: организо́ванная престу́пность

"mafia": ма́фия
   В Росси́и ма́фия заме́шана во всех ви́дах преступле́ний - in
   Russia the mafia is implicated in all forms of crime.

"protection racket": рэ́кет
   Все ма́лые би́знесы в Росси́и нахо́дятся под угро́зой рэ́кета - all
   small businesses in Russia are threatened by the protection racket.

"racketeer, gangster, thug": рэкети́р
   Мно́гие бы́вшие спортсме́ны, оказа́вшись без за́работка, ста́ли
   рэкети́рами - many former sportsment, left without an income, have
   become gangsters.

"extortion": вымога́тельство
   Рэкети́ры испо́льзуют наси́лие про́тив ма́лых би́знесов в це́лях
   вымога́тельства де́нег - gangsters are using violence against small
   businesses to extort money.

"extortioner": вымога́тель
   Предпринима́телю, не соглаша́ющемуся уступа́ть тре́бованиям
   вымога́телей, угрожа́ют больши́е неприя́тности, да́же смерть -
   major troubles, even death, threaten the entrepreneur who does not agree
   to give in to the demands of extortioners.

"strong-arm methods": силовы́е ме́тоды
   Силовы́ми ме́тодами мафио́зным структу́рам удаётся доби́ться
   мно́гого из того́, чего́ они́ хотя́т - mafia gangs manage to get much of
   what they want through strong-arm methods.

"contract killer, hitman": ки́ллер, наёмный уби́йца
   Почти́ все ки́ллеры благополу́чно покида́ют ме́сто преступле́ния
   - almost all contract killers leave the scene of their crime undetected.

"contract killing": заказно́е уби́йство
   По да́нным Гла́вного управле́ния уголо́вного ро́зыска Росси́и, в
   стране́ рассле́дуется свы́ше 200 заказны́х уби́йств в год -
   according to the figures of Russia's criminal investigation directorate over
   200 contract killings a year are investigated.

"the underworld": престу́пный мир

Престу́пный мир вполне́ спосо́бен подорва́ть экономи́ческое разви́тие демократи́ческого о́бщества - organised crime is quite capable of undermining the economic development of a democratic society.

"criminal organisation": кримина́льная структу́ра

Кримина́льные структу́ры вымога́ют де́ньги и у лега́льных, и нелега́льных предприя́тий - criminal organisations extort money from both legal and illegal enterprises.

"bribe": взя́тка

Ча́ще всего́ взя́тки бра́ли рабо́тники торго́вли, обще́ственного пита́ния и бытово́го обслу́живания - it was workers in the shop and distribution system, canteen and restaurant trades and consumer services who used to take bribes most frequently.

"bribery": взя́точничество

Мно́гие руководи́тели бы́ли привлечены́ к отве́тственности за взя́точничество - many managers were called to account for bribery.

"fraud": моше́нничество

Серьёзный уще́рб эконо́мике страны́ нано́сит моше́нничество - fraud does serious damage to a country's economy.

"corruption": корру́пция

Приба́вилась корру́пция в здравоохране́нии, осо́бенно из-за подло́жных докуме́нтов, освобожда́ющих от вое́нной слу́жбы - corruption has increased in the health service, particularly on account of false documents releasing people from military service.

"corrupt": коррумпи́рованный

Сего́дня тру́дно занима́ться би́знесом, не платя́ дань коррумпи́рованным элеме́нтам - it is difficult to engage in business these days without paying off corrupt elements.

"kidnapping": похище́ние

Похище́ние люде́й обы́чно соверша́ется с це́лью вымога́тельства - kidnapping is usually carried out with the aim of extortion.

"to kidnap": похищáть (pf похи́тить)

В Нью-Йóрке росси́йской мáфией бы́ли похи́щены два бизнесмéна - two businessmen were kidnapped in New York recently by the Russian mafia.

"hostage": залóжник

Был захвáчен 21 залóжник, среди́ них трóе детéй и две жéнщины - 21 hostages were seized, including three children and two women.

"highjacking": воздýшный террори́зм, воздýшное пирáтство

Свобóда вы́езда не покóнчила с воздýшным террори́змом - freedom of travel has not put an end to highjacking.

Нóвое врéмя принеслó нóвые фóрмы воздýшного пирáтства - the new era has brought new forms of aerial piracy.

"to highjack": угоня́ть (pf угнáть)

В этóм годý былá совершенá попы́тка угнáть Ту-134 в Швéцию - this year an attempt was made to highjack a Tu-134 to Sweden.

"highjacker": угóнщик

К счáстью, угóнщики нé были вооружены́ - fortunately the highjackers were unarmed.

"to seize": захвáтывать (pf захвати́ть)

В аэропортý был захвáчен самолёт с тремя́ залóжниками - a plane was seized at the airport with three hostages.

"'godfather'": вор в закóне

Выражéние «вор в закóне» тепéрь чáсто встречáется на страни́цах росси́йской прéссы: э́то ли́дер кримeáльного ми́ра - the expression 'thief in law' is often encountered on the pages of the Russian press nowadays: it means an underworld leader.

"terrorism": террори́зм

Террори́зм - э́то наси́лие, обращённое прóтив неви́нных людéй и совершáемое во и́мя полити́ческих цéлей - terrorism is violence directed against innocent people and committed in the name of political aims.

"assassination attempt": покушéние

Ужé бы́ли попы́тки покушéния на Президéнта страны́ - there have already been attempts on the President's life.

"smuggler": контрабанди́ст

Утверждáют, что контрабанди́сты плутóния и урáна - россия́не - it is claimed that the plutonium and uranium smugglers are Russians.

"counterfeit": поддéльный, фальши́вый

Огрóмное коли́чество поддéльных дéнег поступáло из Чечни́ - a vast amount of counterfeit money was coming from Chechnya.

"counterfeiter": фальшивомонéтчик

Éсли за предыду́щие пять лет вы́явлено 70 фальшиво-монéтчиков, то лишь за пять мéсяцев 1993 гóда - 82 - whereas 70 counterfeiters were exposed in the preceding five years, in 1993 82 were uncovered in five months alone.

Фáкты для размышлéния

1. Организóванная престу́пность тем и отличáется от всех други́х ви́дов престу́пности, что не мóжет существовáть без свя́зи с официáльной влáстью; сначáла онá дéйствует вмéсте с ней, а потóм - вмéсто неё - organised crime is distinguished from all other forms of crime by the fact that it cannot exist without a connection to official authority; to begin with it operates together with it, then instead of it.

2. В связи́ с разви́тием ры́ночных отношéний на территóрии СНГ занимáться как легáльным, так и нелегáльным би́знесом стáло намнóго вы́годнее, чем просты́м преступлéнием прóтив ли́чности. Мнóгие «вóры в закóне» стáли брать под своё покрови́тельство коммéрческие и бáнковские структу́ры, получáя огрóмные финáнсовые при́были. Они́ установи́ли прóчные контáкты с организóванными престу́пниками на Зáпаде. Они́ бы́стро нашли́ óбщий интерéс: контрабáнда крáденых автомоби́лей, сигарéт и алкогóля, «экспорт» жéнщин для проститу́ции, торгóвля ору́жием и радиоакти́вными материáлами - in connection with the development of a market economy within the CIS it has become much more profitable to engage in business, both legal and illegal, than in straightforward crime against the person. Many "godfathers" have begun to take commercial and

banking organisations under their protection, making huge financial profits. They have established strong links with organised criminals in the West. They quickly found a common interest: smuggling stolen cars, cigarettes and alcohol, "exporting" women for prostitution, trading in arms and radioactive materials.

3. В России организованные преступные группы уже разделились по этническому признаку. Можно даже говорить об особенностях структуры, и о специфике направлений преступной деятельности той или иной этнической группы - in Russia criminal gangs have already divided on ethnic lines. We can even say something about the characteristics of an organisation and about the specific trends in criminal activity of this or that ethnic gang.

4. В последнее время изменился характер преступности в стране, изменилась тактика преступных групп. Самым распространённым стало вымогательство, как правило, состоящее из нескольких ступеней. Вымогатели приходят в коммерческую фирму и предлагают охранные услуги. Потом начинается проникновение в фирму: устройство на работу членов группы и, следовательно, доступ к операциям, которыми занимается фирма. Третий этап: они пробираются на ключевые посты (бухгалтер, замдиректора, и т. д.). Если этот шаг сделан, предприятие попадает под полный контроль группы - the nature of crime in the country and the gangs' tactics, have changed recently. The most widespread is now extortion, consisting as a rule of several stages. The extortioners arrive at a commercial firm and offer their protection services. Then infiltration starts into the firm: hiring members of the gang and consequently access to the activities in which the firm is engaged. The third stage is when they work their way into key positions (book-keeper, deputy director, etc.). If this step is reached the enterprise comes under the gang's complete control.

5. Пресса и телевидение часто сами активизируют преступные действия группировок, в том числе и политических террористов, ибо многие их акции вообще не были бы совершены, если бы организаторы не рассчитывали на широкую огласку. Все современные террористы нуждаются в рекламе. Спутниковое телевидение, немедленно распространяющее информацию о террористических актах по всему свету, даёт им для этого небывалые в прошлом возможности - the press and television often provoke criminal acts by gangs including political terrorists, for many of their actions would not have been committed at all if the

organisers had not been counting on wide publicity. All modern terrorists need publicity. Satellite television which spreads information about acts of terrorism immediately all over the world, gives them hitherto unheard of opportunities.

Answer the following questions:
1. Почему́ в Росси́и измени́лся хара́ктер престу́пности?
2. Как вы понима́ете организо́ванную престу́пность?
3. Что представля́ет собо́й росси́йская ма́фия?
4. Как вы понима́ете экономи́ческую престу́пность?
5. Неизбе́жна ли экономи́ческая престу́пность при приватиза́ции, перехо́де к ры́ночной эконо́мике?
6. Почему́ в Росси́и наблюда́ется рост корру́пции?
7. Почему́ в Росси́и распространена́ корру́пция среди́ власте́й?
8. Есть ли слу́чаи корру́пции среди́ поли́ции в ва́шей стране́?
9. Как вы понима́ете террори́зм?
10. Мо́жно ли оправда́ть террористи́ческие а́кты?

III.   Investigation and punishment: рассле́дование и наказа́ние:

"law enforcement agencies": правоохрани́тельные о́рганы
Нельзя́ сказа́ть, что́бы росси́йские правоохрани́тельные о́рганы эффекти́вно защища́ли свои́х гра́ждан - you cannot say that the Russian law-enforcement agencies have been protecting their citizens effectively.

"war against crime": борьба́ с престу́пностью
Была́ со́здана специа́льная гру́ппа по борьбе́ с организо́ванной престу́пностью и корру́пцией - a special squad was set up to fight organised crime and corruption.

"to solve a crime": раскрыва́ть (pf раскры́ть) преступле́ние
Большинство́ преступле́ний остаю́тся нераскры́тыми - the majority of crimes remain unsolved.

"detection rate": раскрыва́емость
Раскрыва́емость преступле́ний в Росси́и о́коло 30% - the detection rate for crimes in Russia is about 30%.

"criminal investigation department": уголо́вный ро́зыск

В уголо́вном ро́зыске бо́рются со все́ми ви́дами престу́пности: от ме́лких до са́мых тя́жких преступле́ний - the criminal investigation department is fighting a war against all forms of crime from the petty to the most serious.

"the Criminal Code": Уголо́вный ко́декс

Пригово́р был объя́влен стро́го согла́сно статья́м но́вого Уголо́вного ко́декса - the sentence was announced strictly in accordance with the articles of the new Criminal Code.

"to conduct an investigation": проводи́ть (pf провести́) рассле́дование

В результа́те проведённого рассле́дования бы́ли устано́влены ли́чности престу́пников - as a result of the investigation carried out the identities of the criminals were established.

"to discontinue an investigation": прекраща́ть (pf прекрати́ть) рассле́дование

За недоста́тком ули́к рассле́дование бы́ло прекращено́ - the investigation was discontinued for lack of evidence.

"to prosecute, to charge with a criminal offence": привлека́ть (pf привле́чь) к уголо́вной отве́тственности

К уголо́вной отве́тственности привлечены́ мно́гие рабо́тники правоохрани́тельных о́рганов - many employees of the law enforcement agencies have been charged with criminal offences.

"prosecuter's office": прокурату́ра

По да́нным моско́вской прокурату́ры, то́лько в 15-20 слу́чаях из 100 удаётся вы́йти на след престу́пника - according to figures from the Moscow prosecuter's office they manage to pick up the trail of the criminal only in 15 to 20 cases out of a hundred.

"to sentence": пригова́ривать (pf приговори́ть)

Суд приговори́л его́ к пятна́дцати года́м лише́ния свобо́ды - the court sentenced him to fifteen years imprisonment.

"to punish": нака́зывать (pf наказа́ть)

Жесто́ко нака́зывать престу́пника, навря́д ли, помо́жет его́ реабилита́ции - to punish a criminal cruelly will hardly help to rehabilitate him.

"the death penalty": вы́сшая ме́ра наказа́ния, сме́ртная казнь

В Росси́и за уби́йство, похище́ние и изнаси́лование ча́сто пригова́ривают к вы́сшей ме́ре наказа́ния - for murder, kidnap and rape the sentence in Russia is often death.

"preventive": предупреди́тельный

Не́которые счита́ют, что сме́ртная казнь не име́ет никако́го предупреди́тельного значе́ния - some consider that the death penalty has no preventive effect whatsoever.

"life imprisonment": пожи́зненное заключе́ние

Пожи́зненное заключе́ние, мо́жет быть, бо́лее тяжёлое наказа́ние, чем сме́ртная казнь - life imprisonment is perhaps a harder punishment than the death penalty.

"judge": судья́

Судья́ приговори́л уча́стников нападе́ния к разли́чным сро́кам исправи́тельных рабо́т - the judge sentenced those who took part in the attack to various terms of corrective labour.

"criminal record": суди́мость

Из-за суди́мости ему́ отказа́ли в рабо́те - he was refused a job because of his criminal record.

"the accused": подсуди́мый

Подсуди́мый призна́л себя́ вино́вным, но подсуди́мая вме́сте с ним наста́ивала на свое́й невино́вности - the accused admitted his guilt, but the woman accused with him insisted on her innocence.

"to accuse": обвиня́ть (pf обвини́ть)

Его́ обвини́ли в умы́шленном уби́йстве банки́ра - he was accused of the premeditated murder of a banker.

"to pardon": поми́ловать

> Он просиде́л 12 лет в тюрьме́, пока́ его́ не поми́ловали - he spent 12 years in prison before they pardoned him.

"a pardon": поми́лование

> Суд отклони́л про́сьбу о поми́ловании, ознако́мившись с показа́ниями жены́ - the court rejected the plea for a pardon having heard his wife's evidence.

Фа́кты для размышле́ния

1. В Москве́ со́здан отде́л мили́ции по борьбе́ с организо́ванными этни́ческими престу́пными гру́ппами из Гру́зии, Арме́нии, Азербайджа́на, Се́верной Осе́тии, Ингуше́тии, Чечни́ и Дагеста́на. Созда́ние отде́ла объясня́ют ро́стом влия́ния жи́телей и́менно э́тих регио́нов на криминоге́нную ситуа́цию в Москве́. После́дние четы́ре го́да число́ преступле́ний, соверша́емых в Москве́ жи́телями Закавка́зья и Се́верного Кавка́за, превыша́ет почти́ в 3 ра́за число́ преступле́ний, соверша́емых жи́телями сле́дующих за ни́ми по престу́пности Украи́ны, Белору́ссии, Молдо́вы - a department of the police has been created in Moscow to wage war against ethnic criminal gangs from Georgia, Armenia, Azerbaijan, Northern Ossetia, Chechnya and Dagestan. The department's creation is explained by the growing influence of those living in precisely these regions on the crime wave in Moscow. For the last four years the number of crimes committed in Moscow by inhabitants of Transcaucasia and the Northern Caucasus has exceeded by almost three times the number of crimes committed by the inhabitants of Ukraine, Belarus and Moldova which have the next highest crime rate.

2. В Нью-Йо́рке по обине́нию в вымога́тельстве аресто́ван изве́стный «вор в зако́не» по кли́чке «Японник». ФБР назва́ло опера́цию по его́ задержа́нию «са́мым значи́тельным уда́ром» по распространя́ющей своё влия́ние в США росси́йской организо́ванной престу́пности. А за день до аре́ста в Москве́ состоя́лась встре́ча сотру́дников ФБР со свои́ми росси́йскими колле́гами, на кото́рой бы́ли обсуждены́ все дета́ли опера́ции. Э́то был пе́рвый серьёзный приме́р, когда́ Аме́рика не то́лько кричи́т о «ру́сской ма́фии», но наконе́ц-то, реши́лась на совме́стную борьбу́ с э́тим но́вым, по их слова́м, чудо́вищем - a well-known "godfather" nicknamed "the Japanese" was arrested in New York accused

of extortion. The FBI named the operation to catch him "the most significant blow" against Russian organised crime which was spreading its influence in the USA. A day before the arrest a meeting took place in Moscow between employees of the FBI and their Russian colleagues at which all the details of the operation were discussed. This was the first serious instance when America did not just shout about the "Russian mafia", but finally resolved on a joint war against this new monster, as they called it.

3. Около 35 стран, в том числе почти́ вся Евро́па, по́лностью отказа́лись от сме́ртной ка́зни. Приблизи́тельно в 30 госуда́рствах она́ форма́льно существу́ет, но факти́чески не применя́ется уже́ не́сколько десятиле́тий. Бо́лее чем в 100 стра́нах, в основно́м развива́ющихся, казня́т системати́чески. Из высокора́звитых госуда́рств сме́ртная казнь сохрани́лась в Япо́нии и в 37 из 50 шта́тов США - about 35 countries including almost the whole of Europe have completely abandoned the death penalty. In approximately 30 states it exists officially, but has not now in fact been applied for several decades. In more than 100, mainly developing, countries people are systematically executed. Out of the highly developed states the death penalty is retained in Japan and 37 of the 50 states of the USA.

4. Результа́ты опро́са среди́ наро́дных депута́тов Росси́йской Федера́ции (бы́ло опро́шено 466 челове́к):
В по́льзу примене́ния сме́ртной ка́зни вы́сказались за преступле́ния про́тив ли́чности - 82%, в том числе́:
- за уби́йство - 87%
- за изнаси́лование несовершенноле́тних - 77%
- за преступле́ния, свя́занные с организо́ванной престу́пностью, - 43%
- за госуда́рственные преступле́ния - 28%
- за за́говор с це́лью захва́та вла́сти - 22%
Число́ проти́вников сме́ртной ка́зни относи́тельно невелико́ - the results of a poll among people's deputies of the Russian Federation (466 people were polled):
Voting in favour of applying the death penalty for crimes against the person - 82%, including:
for murder - 87%
for rape of minors - 77%
for crimes connected with organised crime - 43%
for crimes of state - 28%
for plotting to seize power - 22%
The number opposing the death penalty is relatively small.

5. Во всём цивилизо́ванном ми́ре идёт гуманиза́ция уголо́вного законода́тельства и ши́рится кампа́ния за отме́ну сме́ртной ка́зни. Сле́дуя мировы́м тенде́нциям, росси́йские суды́ всё ме́ньше и ме́ньше выно́сят сме́ртных пригово́ров. До нача́ла 90-х годо́в в росси́йском Уголо́вном ко́дексе бы́ло свы́ше 30 соста́вов преступле́ний, за кото́рые челове́ка могли́ приговори́ть к сме́рти. Сейча́с их значи́тельно ме́ньше. Всё ме́ньше стано́вится число́ престу́пников, в отноше́нии кото́рых она́ приво́дится в исполне́ние - throughout the civilised world legislation against crime is being made more humane and the campaign to abolish the death penalty is spreading. Following world-wide trends courts in Russia are pronouncing fewer and fewer death sentences. Before the start of the 90s there were more than 30 forms of crime in the Russian Criminal Code for which a person could be condemned to death. There are now significantly fewer. The number of criminals in relation to whom it is put into effect is becoming fewer and fewer.

Answer the following questions:
1. Каки́е ме́ры наказа́ния вы зна́ете?
2. Почему́ раскрыва́емость преступле́ний в Росси́и така́я ни́зкая?
3. Мо́жно ли доверя́ть правоохрани́тельным о́рганам?
4. Ну́жен ли специа́льный отде́л по борьбе́ с этни́ческими престу́пными гру́ппами?
5. Нужна́ ли сме́ртная казнь?
6. Нужны́ ли междунаро́дные соглаше́ния по борьбе́ с престу́пностью?

Exercises

1. *Which remarks in your opinion belong to supporters and which to opponents of the death penalty?*
1. Лишь страх пе́ред угро́зой сме́рти мо́жет останови́ть потенциа́льного уби́йцу.
2. На́ше уголо́вное законода́тельство игра́ет роль стимуля́тора престу́пности, но ника́к не её то́рмоза.
3. За оди́н год в на́шей стране́ престу́пники уби́ли 30 ты́сяч челове́к, а к расстре́лу бы́ло приговорено́ 157 челове́к. Э́то ведь ужа́сное соотноше́ние.
4. В за́падных стра́нах госуда́рство отказа́лось от ро́ли палача́, а у нас госуда́рственные уби́йства расцвета́ют ... Мы ди́кая страна́.

2. With whom do you agree?

Рыков из Воркуты предлагает: «... Судебные процессы по делам, за которые может быть назначена смертная казнь, должны широко освещаться в прессе и по телевидению, расстреливать нужно публично, как это практикуется в некоторых исламских странах, необходимо резко увеличить количество статей Уголовного кодекса с санкциями в виде смертной казни ...»

Поливанова пишет из Смоленска: «Смертная казнь в цивилизованном обществе - нонсенс. Как государство может лишать человека жизни? Оно ведь тем самым само становится убийцей. Никакого преду-предительного значения она не имеет.»

3. Decide whether to use преступность *or* преступление:

Количество ... растёт с каждым годом. Рост ... наблюдается во всех странах. По числу совершённых ... в прошлом году лидировала Грузия. «Россия беременна ...», заявил российский министр. До сих пор в России нет закона об организованной ... . совершаются иногда детьми, не достигшими 10 лет. Если бы за терроризм полагалась смертная казнь, многие не пошли бы на ... Наиболее тяжкими являются ... против личности. Как можно покончить с ... в современном обществе?

Translate into Russian:

(1) Some people explain the growth of crime through economic reasons: poverty, unemployment, bad housing. Others insist that the tendency towards committing crime can be transmitted by heredity from one generation to another. (2) According to data collected by sociologists most people arrested for serious crime were under the age of 30. (3) Crime is cosmopolitan by nature, but criminal gangs often try to organise themselves ethnically, according to their nationality. (4) Extortion is the most common crime in Russia today, and the objects of extortion are the new Russians - businessmen and bankers, particularly. (5) Every criminal begins his "career" by means of robbery, burglary or even murder. It is only later, if he succeeds in building up capital, that he tries to become respectable and becomes interested in having a strong state and effective police who will protect his interests. (6) The most serious crimes in the opinion of many people are crimes against the person: murder, rape, grievous bodily harm. (7) The rumour goes that some of the "god fathers" are like "Robin Hood" - defenders of the poor: they do no harm to ordinary people, and if they kill, they kill the rich or one another.

Write an essay on either a) "The Growth in Crime"

Say that violent crime is becoming a very serious problem in the world, especially in developed Western countries. Consider what the explanation for this might be. Is it the influence of television and the press which show and report details of violent crimes? What is the significance of drug addiction as a motive? Are there other simpler explanations - poverty, envy, jealousy and loss of respect for other people?

Consider why crimes are committed by children, often as young as 10 years old. Is this the result of the collapse of morality, broken homes, lack of moral religious guidance in school? Does the urban way of life encourage crime?

Russia is experiencing a frightening increase in crime at the moment. All sorts of crime are committed in Russia: murder, rape, burglary, car theft. Can one say that the disintegration of the former Soviet Union has had an effect on the growth of crime? Show that a new pattern is emerging: the purpose of many crimes, including murder, kidnapping, highjacking and grievous bodily harm is extortion.

Show that in connection with this a new kind of murder has appeared in Russia: contract killing, and a new profession has emerged: the contract killer. His usual targets are the new businessmen - bankers, industrialists and influential political figures, as well as leading figures in the criminal world. Consider the effects of the rise in organised crime on the lives of ordinary people.

It is easier to commit crime in Russia nowadays, because of the corruption which has spread to the police and legal system. Serious crimes are rarely solved. Thanks to *glasnost'* we now know more about crime in Russia. Consider whether there is a link between the growth in crime and political freedom.

or b) "The Emergence of Organised Crime in Russia"

Say that the nature of crime in Russia is changing. While traditional forms of crime are on the increase, new forms of organised crime led by the mafia are appearing. The mafia are beyond the law and control everything, including the police and the courts. In the process of transition to the market economy during privatization these criminal groups have found plenty of opportunities to penetrate all levels of commercial life. They are trying to control banks, they are opening new businesses themselves and are taking part in all kinds of financial operation.

They are trying to become respectable members of society and to hide their criminal past, but the methods they use are murder and violence.

Say also that with the collapse of the former Soviet Union the criminal world began to be divided ethnically. This especially applies to ethnic criminal groups from the Caucasus. All of them have their own spheres of influence, as well as their peculiar organization and specialization: for example, the Azeris in Moscow are said to specialize in the "privatization of flats" and the Armenians in arms dealing.

162

Say that the Russian government is trying to fight each branch of organised crime, from fraud to political terrorism. Special laws concerning organized crime and corruption are being discussed in the Russian parliament, and Russia has signed an international agreement on fighting crime.

Consider if any change is possible, bearing in mind that in 1995 seventy members of the Russian parliament were said to have a criminal record.

ПРОБЛЕМЫ БЕЗРАБОТИЦЫ   THE PROBLEMS OF UNEMPLOYMENT

I. Unemployment: **безрабо́тица**

"unemployment level": **у́ровень безрабо́тицы**
> У́ровень безрабо́тицы в пятьдеся́т проце́нтов наблюда́лся среди́ выпускнико́в шко́лы - an unemployment level of fifty percent has been observed among school-leavers.

"unemployment figures": **да́нные по безрабо́тице**
> По после́дним да́нным по безрабо́тице число́ и́щущих рабо́ту дости́гло десяти́ миллио́нов челове́к - according to the latest unemployment figures the number of those looking for work has reached ten million.

"unemployed": **безрабо́тный, безрабо́тная**
> Безрабо́тный до́лжен постоя́нно иска́ть рабо́ту, ина́че он мо́жет потеря́ть ста́тус безрабо́тного - an unemployed person has to look for work constantly otherwise he may lose his status as unemployed.

"to lose one's job": **теря́ть (pf потеря́ть) рабо́ту**
> В усло́виях конкуре́нции всегда́ существу́ет угро́за потеря́ть рабо́ту - in a competitive system there is always a threat of losing one's job.

"to dismiss": **сокраща́ть (pf сократи́ть), увольня́ть (pf уво́лить) с рабо́ты**
> В результа́те спа́да произво́дства бы́ли сокращены́ ты́сячи инжене́ров - as a result of the fall in production thousands of engineers were made redundant.
> Число́ рабо́чих, уво́ленных из-за закры́тия предприя́тия, дости́гло не́скольких ты́сяч - the number of workers made redundant by closure of the factory has reached several thousand.

"dismissal, redundancy": **увольне́ние**
> В связи́ с ухудше́нием экономи́ческой ситуа́ции ма́ссовые увольне́ния начина́ются с же́нщин - in connection with the decline in the economic situation mass redundancies are starting with women.

"reduction in personnel, redundancy": **сокращéние штáтов**
Снижéния закáзов на выпускáемую продýкцию привóдит к сокращéнию штáтов на мнóгих предприя́тиях - cuts in orders are leading to reduction in personnel in many factories.

"to lay off": **высвобождáть (pf вы́свободить)**
Невозмóжно срáзу устрóить на рабóту всех высвобождáющихся рабóчих - it is impossible to find work for all the workers being laid off.
Оказáться вы́свобождéнным - трагéдия для тех, кто чéстно рабóтает - to find oneself laid off is a tragedy for those who work honestly.

"to go bankrupt": **банкрóтиться (pf обанкрóтиться)**
Обанкрóтившиеся предприя́тия не мóгут вы́жить в услóвиях ры́нка, они́ должны́ закрывáться - factories which have gone bankrupt cannot survive in market conditions; they have to close.

"bankrupt": **банкрóт**
Ты́сячи фирм бы́ли объя́влены банкрóтами - thousands of firms have been declared bankrupt.

"bankruptcy": **банкрóтство**
Тóлько банкрóтство однóго предприя́тия привелó к увольнéнию óколо десяти́ ты́сяч квалифици́рованных рабóчих - the bankruptcy of one enterprise alone led to the redundancy of ten thousand skilled workers.

"recession": **спад, свёртывание производства**
Спад производства и инфля́ция - глáвные фáкторы, влия́ющие на ýровень безрабóтицы - recession and inflation are the main factors influencing the unemployment level.
Сокращéние свобóдных рабóчих мест объясня́ется свёртыванием производства - the reduction in vacancies can be explained by the recession.

Фа́кты для размышле́ния

1. Безрабо́тицу мо́жно рассма́тривать как обще́ственную боле́знь: она́ распространя́ется из одно́й о́трасли эконо́мики в другу́ю, из одного́ регио́на в друго́й, охва́тывает все слои́ населе́ния. Как боле́знь, она́ мо́жет заража́ть всех - госуда́рственных слу́жащих и просты́х рабо́чих, выпускнико́в школ и учителе́й, квалифици́рованных рабо́чих и директоро́в предприя́тий - unemployment can be seen as a social disease: it spreads from one branch of the economy to another, from one region to another and it embraces all levels of the population. Like a disease it can infect everyone - civil servants and ordinary workers, school-leavers and teachers, skilled workers and company directors.

2. Причи́ны распростране́ния безрабо́тицы быва́ют ра́зные: устаре́лость и спад произво́дства, паде́ние спро́са на выпуска́емые проду́кты, неконкурентоспосо́бность предприя́тия в результа́те ро́ста цен на сырьё, автоматиза́ция произво́дства, веду́щая к высвобожде́нию рабо́чей си́лы, да́же коне́ц холо́дной войны́, выража́ющийся в ре́зком сокраще́нии вое́нных зака́зов - reasons for the spread of unemployment are various: obsolescence and recession; a fall in demand for the products being made; uncompetitiveness of the company as a result of a rise in the price of raw materials; automation of production leading to laying off the work force; and even the end of the cold war, reflected in a sharp reduction of defence orders.

3. Во мно́гих ра́звитых стра́нах сейча́с возни́кла пробле́ма избы́тка люде́й, кото́рые не мо́гут бы́стро приспособля́ться к непреры́вным измене́ниям в техноло́гии и организа́ции произво́дства. «Цена́ прогре́сса», «изде́ржки нау́чно-техни́ческой револю́ции» так называ́ют э́то явле́ние - in many developed countries the problem has now arisen of a surplus of people who cannot adapt quickly to constant changes in technology and working practices. This phenomenon is called "the price of progress" or "the costs of the scientific and technological revolution".

4. Эффе́кты ро́ста безрабо́тицы - спад произво́дства из-за пони́женного спро́са на това́ры, паде́ние покупа́тельной спосо́бности населе́ния, что, в свою́ о́чередь, ведёт к ро́сту числа́ безрабо́тных. В результа́те мы име́ем спира́ль депре́ссии, при кото́рой у́ровень жи́зни населе́ния па́дает всё ни́же. Но гла́вное - мора́льный уще́рб, кото́рый испы́тывает челове́к, оказа́вшись без рабо́ты: лю́ди теря́ют уве́ренность в себе́ и наде́жды на бу́дущее - the effects of the growth in

unemployment are a fall in production due to decreased demand for goods and a reduction of purchasing power among the population, which in turn leads to a growth in the number of unemployed. As a result we have a spiral of recession in which the population's standard of living keeps falling. But the main thing is the damage to morale which a person experiences on finding him or herself without work: people lose confidence in themselves and hope in the future.

5. По слова́м П. Бу́нича, веду́щего экономи́ста Росси́и, преде́льно допусти́мая но́рма безрабо́тицы, при́нятая во всём ми́ре, - 10% от всего́ трудоспосо́бного населе́ния. По его́ прогно́зам, Росси́я к концу́ 1996 го́да мо́жет поби́ть все мировы́е реко́рды безрабо́тицы, поско́льку до́ля люде́й, не име́ющих постоя́нной рабо́ты, мо́жет превы́сить э́ту ци́фру в два ра́за - in the words of Pavel Bunich, a leading Russian economist, the maximum permissible rate of unemployment which is accepted world-wide is 10% of the total able-bodied population. By the end of 1996 according to his forecasts Russia may beat all world unemployment records in as much as the proportion of people not having permanent work may be double this figure.

Answer the following questions:
1. Существу́ет ли пробле́ма безрабо́тицы в ва́шей стра́не?
2. Да́йте типи́чный портре́т безрабо́тного в ва́шей стра́не.
3. Что испы́тывает челове́к, оказа́вшись без рабо́ты?
4. Где, по-ва́шему, са́мая высо́кая безрабо́тица (среди́ молодёжи, среди́ квалифици́рованных специали́стов, среди́ неквалифици́рованных рабо́чих)?
5. Каковы́, по ва́шему мне́нию, причи́ны безрабо́тицы в ва́шей стране́?
6. Неизбе́жна ли безрабо́тица?

II.   Unemployment and Russia: безрабо́тица и Росси́я

"full employment": по́лная за́нятость
    Счита́лось, что в бы́вшем СССР существова́ла по́лная за́нятость - people used to think that full employment existed in the former USSR.

"employment law": зако́н о за́нятости
    В 1991 году́ в Росси́и был при́нят зако́н о за́нятости - an employment law was passed in Russia in 1991.

"to be employed": быть за́нятым

Со́тни ты́сяч квалифици́рованных рабо́чих бы́ли за́няты в косми́ческой програ́мме - hundreds of thousands of skilled workers were employed in the space programme.

"employee": рабо́тник, слу́жащий (office worker)

В Росси́и сейча́с большинство́ безрабо́тных составля́ют слу́жащие администрати́вного аппара́та - nowadays employees in the administrative system constitute most of the unemployed in Russia.

"employer": работода́тель

Работода́телем тепе́рь мо́жет быть как предприя́тие, так и ча́стное лицо́ - either a company or a private individual may be an employer now.

"defence industries, military-industrial complex": вое́нно-промы́шленный ко́мплекс (ВПК)

Рабо́тники вое́нно-промы́шленного ко́мплекса ста́ли са́мой уязви́мой ча́стью эконо́мики - workers in the defence industries have become the most vulnerable part of the economy.

"policy of conversion": поли́тика конве́рсии

Поли́тика конве́рсии понима́ется как перево́д вое́нного произво́дства на гражда́нские ну́жды - the policy of conversion is understood as the transfer of military production to civilian needs.

"able-bodied": трудоспосо́бный

Оди́н челове́к из ка́ждых десяти́ трудоспосо́бных мужчи́н и же́нщин не мо́жет найти́ рабо́ту - one in every ten able-bodied men and women cannot find work.

"labour market": ры́нок труда́

Увеличе́ние числа́ же́нщин на ры́нке труда́, возмо́жно, одна́ из причи́н безрабо́тицы - the increase in the number of women in the labour market is, perhaps, one of the causes of unemployment.

"work force": рабо́чая си́ла, трудовы́е ресу́рсы, рабо́чие места́

Ра́ньше в СССР всегда́ существова́ла нехва́тка рабо́чей си́лы - previously in the USSR there was always a shortage in the work force.

Рис. О. ТЕСЛЕРА.

Безработица
допустима и даже полезна

☐ полностью согласен
☐ скорее согласен
▨ скорее не согласен
■ совершенно не согласен
■ затрудняюсь ответить

Опрошены 2 тыс. жителей
в 12 регионах России.
По данным соцслужбы
профессора В. МАНСУРОВА

(из ру́сской пре́ссы)

"to be short of": не хвата́ть (+ gen)

Но и сейча́с в стране́ не хвата́ет люде́й с ну́жной квалифика́цией - but even now there are not enough people with the right qualifications.

"surplus, excess": избы́ток, изли́шек

В да́нный моме́нт име́ется избы́ток свобо́дных рабо́чих мест в строи́тельстве - at present there are plenty of vacancies in construction.

"strike": забасто́вка

Вспы́хнули мно́гие забасто́вки в знак проте́ста про́тив увольне́ний и безрабо́тицы - many strikes have flared up in protest against redundancies and unemployment.

"to strike": бастова́ть (pf забастова́ть)

Басту́ющие рабо́чие неудовлетворены́ поли́тикой прави́тельства - the workers on strike are unhappy with government policy.

Басту́ющие тре́буют повыше́ния зарпла́ты, отме́ны сокраще́ний на произво́дстве - the strikers are demanding a pay rise and cancellation of the cuts in production.

Фа́кты для размышле́ния

1. Согла́сно росси́йскому зако́ну о за́нятости, при́нятому в январе́ 1991 го́да, безрабо́тным счита́ется челове́к, кото́рый не име́ет рабо́ты, не име́ет зарабо́тка, гото́в приступи́ть к рабо́те, гото́в сотру́дничать со слу́жбой за́нятости и отклика́ться на её предложе́ния - according to the Russian law on employment passed in January 1991 a person who has no job, has no income, is prepared to start work, is prepared to cooperate with the employment service and respond to its proposals may be considered unemployed.

2. Типи́чный «портре́т» росси́йского безрабо́тного - же́нщина в во́зрасте о́коло 50 лет, име́ющая вы́сшее и́ли сре́днее специа́льное образова́ние, за́нятая в сфе́ре интеллектуа́льного труда́ и на госуда́рственной слу́жбе - the typical "portrait" of an unemployed Russian is of a woman of about fifty who has higher or specialist secondary education and is employed in the sphere of intellectual work or the civil service.

3. Ра́ньше в усло́виях дефици́та трудовы́х ресу́рсов работода́тели при приёме на рабо́ту не де́лали разли́чий по полово́му при́знаку. Тепе́рь, когда́ экономи́ческая ситуа́ция ре́зко уху́дшилась, ма́ссовые увольне́ния начина́ются с же́нщин, а на рабо́ту их принима́ют после́дними - previously when there were not enough workers employers made no distinctions according to sex when taking on people for work. Now when the economic situation has deteriorated sharply mass redundancies begin with women, and they are last to be taken on.

4. Изве́стно, что в бы́вшем СССР скры́тая безрабо́тица была́ распространённым явле́нием: там, где мог норма́льно рабо́тать оди́н челове́к за норма́льную зарпла́ту, обы́чно рабо́тали тро́е. Происходи́ла как бы деквалифика́ция рабо́чей си́лы, ре́зко снижа́лась производи́тельность труда́. Но зато́ ка́ждый челове́к официа́льно рабо́тал и до́лжен был рабо́тать. Как говори́ли при социали́зме: «кто не рабо́тает, тот не ест» - it is well known that hidden unemployment was a widespread phenomenon in the former USSR: where normally one person could work for a normal wage three usually worked. A kind of de-qualification of the work force was occurring and labour productivity was falling sharply. But on the other hand officially everyone worked and had to work. As used to be said under socialism: "he who does not work does not eat".

5. В результа́те поли́тики «конве́рсии», при кото́рой значи́тельная часть вое́нно-промы́шленного ко́мплекса должна́ перейти́ на гражда́нское произво́дство и стать ренга́бельной, о́чень мно́гие высококвалифици́рованные рабо́чие в Росси́и оказа́лись без подходя́щего заня́тия - as a result of the policy of "conversion", in which a major part of the defence industries had to go over to civilian production and become economically sound, very many highly skilled workers found themselves without suitable employment.

Answer the following questions:
1. Как вы понима́ете скры́тую безрабо́тицу, кото́рая существова́ла в бы́вшем СССР?
2. Каковы́, по ва́шему мне́нию, причи́ны безрабо́тицы в Росси́и?
3. Почему́ говоря́т, что «у росси́йской безрабо́тицы же́нское лицо́»?
4. Счита́ете ли вы, что рост забасто́вок - э́то реа́кция на безрабо́тицу?
5. Каки́е отрица́тельные после́дствия безрабо́тицы вы зна́ете?

III. How to solve the problem: **как реши́ть пробле́му**

"job centre, employment exchange": **слу́жба за́нятости, центр по трудоустро́йству**

Слу́жба за́нятости, занима́ющаяся по́исками рабо́ты, существу́ет сейча́с в ка́ждом го́роде Росси́и - a job centre dealing with job-seeking now exists in every town in Russia.

В по́исках рабо́ты безрабо́тным помога́ют це́нтры по трудоустро́йству - job centres help the unemployed in their search for work.

"to place, find work for": **трудоустра́ивать** (pf **трудоустро́ить**)

Что́бы трудоустро́ить таку́ю а́рмию безрабо́тных, нужны́ миллиа́рды рубле́й - billions of roubles are needed to find work for such an army of unemployed.

Благодаря́ це́нтрам трудоустро́йства ты́сячи высвобожда́емых рабо́тников мо́гут трудоустро́иться - thanks to employment agencies thousands of employees who are being made redundant can be placed in jobs.

"labour exchange": **би́ржа труда́**

Пе́рвые би́ржи труда́ в Росси́и бы́ли со́зданы в 1991 году́ по́сле приня́тия зако́на о за́нятости - the first labour exchanges were created in Russia in 1991 after the passage of the employment law.

"supply and demand": **спрос и предложе́ние** [*literally* "demand and offer"]

На́до постоя́нно регули́ровать равнове́сие ме́жду спро́сом и предложе́нием на рабо́чую си́лу - it is constantly necessary to regulate the balance between supply and demand for labour.

В настоя́щее вре́мя спрос на рабо́чие профе́ссии превыша́ет предложе́ние - at present demand for skilled trades exceeds supply.

Спрос на высококвалифици́рованных инжене́ров, специали́стов в о́бласти нау́ки ре́зко упа́л - demand for highly qualified engineers and specialists in the field of science has fallen sharply.

"social security": **социа́льная защи́та**

В Росси́и ещё нет надёжной систе́мы социа́льной защи́ты от безрабо́тицы и её после́дствий - in Russia there is no reliable system of social security against unemployment and its consequences.

172

"unemployment benefit": **посо́бие по безрабо́тице**

В 1991 году́ в Росси́и вновь бы́ло введено́ посо́бие по безрабо́тице - unemployment benefit was introduced again in Russia in 1991.

"to pay benefit": **выпла́чивать (pf вы́платить) посо́бие**

Посо́бие выпла́чивается из специа́льных фо́ндов в разме́ре, ра́вном семи́десяти пяти́ проце́нтам минима́льной за́работной пла́ты - benefit is paid from special funds in an amount equal to seventy five percent of the minimum wage.

"length of service": **трудово́й стаж**

Су́мма посо́бия зави́сит от трудово́го ста́жа и квалифика́ции - the amount of benefit depends on the length of service and on qualifications.

"to register as unemployed": **зарегистри́роваться безрабо́тным**

Пе́рвый шаг по получе́нию посо́бия - зарегистри́роваться безрабо́тным на би́рже труда́ - the first step to receiving benefit is to register as unemployed at the labour exchange.

"to change profession": **меня́ть (pf поменя́ть) профе́ссию, переквалифици́роваться**

Я ду́маю, что в бу́дущем лю́ди бу́дут меня́ть профе́ссию 2-3 ра́за в жи́зни - I think in future people will change their professions 2 or 3 times in the course of their lives.

"to create new jobs": **создава́ть но́вые рабо́чие места́**

Ну́жно создава́ть но́вые рабо́чие места́ за счёт де́йствующих предприя́тий - new jobs should be created at the cost of those companies which are operating.

"service sector": **сфе́ра услу́г, сфе́ра обслу́живания**

В ра́звитых стра́нах найти́ рабо́ту в сфе́ре услу́г намно́го ле́гче, чем в произво́дственном се́кторе - in the developed countries it is much easier to find work in the service sector than in the industrial sector.

"to turn your back on former qualifications": отка́зываться (pf отказа́ться) от пре́жних квалифика́ций

> По-мо́ему, рабо́чие должны́ отказа́ться от пре́жних квалифика́ций и приобрести́ други́е профе́ссии - I think the workers have to turn their backs on their previous qualifications and acquire new professions.

"to undergo retraining": проходи́ть (pf пройти́) переподгото́вку, переобуче́ние

> Безрабо́тные должны́ пройти́ переподгото́вку и овладе́ть профе́ссиями, на кото́рые есть спрос - the unemployed must undergo retraining and master those professions for which there is demand.

"to finance": финанси́ровать

> Програ́ммы переподгото́вки финанси́руются госуда́рством - retraining programmes are financed by the state.

"public works": обще́ственные рабо́ты

> Почти́ 5000 безрабо́тных бы́ли на обще́ственных рабо́тах со сре́дней дли́тельностью в оди́н ме́сяц - almost 5000 unemployed people were on public works with an average duration of one month.

> Слу́жба за́нятости следи́т, что́бы рабо́тники находи́лись на обще́ственных рабо́тах и́ли на ку́рсах переобуче́ния - the employment service makes sure that employees are on public works or on retraining courses.

"to introduce a shorter week": вводи́ть (pf ввести́) бо́лее коро́ткую неде́лю

> Что́бы избежа́ть увольне́ний, мно́гие предприя́тия уже́ вво́дят бо́лее коро́ткую (2-3 дне́вную) неде́лю - many companies are now introducing a shorter (2-3-day) working week in order to avoid redundancies.

"to work part time": рабо́тать непо́лный рабо́чий день

> Мо́жет быть, мо́жно доби́ться по́лной за́нятости, рабо́тая непо́лный рабо́чий день? - perhaps it might be possible to achieve full employment by working part time?

"unpaid leave": о́тпуск без сохране́ния содержа́ния

> Слу́жба за́нятости стреми́тся, что́бы ли́ца, находя́щиеся в о́тпуске без сохране́ния содержа́ния, та́кже проходи́ли

переподготовку - the employment service is striving to ensure that people on unpaid leave also undergo retraining.

"to pension off": **отправля́ть (pf отпра́вить) на пе́нсию**
Есть ещё оди́н вы́ход из положе́ния: отправля́ть люде́й на пе́нсию ра́ньше сро́ка, мужчи́н в 58 лет, же́нщин в 53 го́да - there is one other way out of the situation: to pension people off early, men at 58, women at 53.

Фа́кты для размышле́ния

1. По́сле приня́тия Зако́на о за́нятости на́чали регистри́ровать безрабо́тных и создава́ть би́ржи труда́, куда́ лю́ди обраща́ются, чтобы найти́ подходя́щую рабо́ту. На регистра́цию безрабо́тный прино́сит па́спорт, трудову́ю кни́жку, спра́вку о су́мме после́днего за́работка и подохо́дном нало́ге и получа́ет направле́ние на возмо́жные места́ подходя́щей рабо́ты - after passing the law on employment the unemployed began to be registered and labour exchanges to be created. For registration the unemployed person brings his passport, employment record and an official statement on the amount of his last wages and income tax. He then receives a directive to possible places of suitable work.

2. Осо́бый интере́с представля́ют проводи́мые Моско́вской би́ржей труда́ «я́рмарки вака́нсий», на кото́рых трудя́щиеся мо́гут вы́брать предприя́тие и рабо́ту по специа́льности. Здесь мо́жно получи́ть откры́тый до́ступ к информацио́нному ба́нку, профессиона́льную и юриди́ческую консульта́цию, взять направле́ние на переобуче́ние, подыска́ть вре́менную рабо́ту. Таки́е «я́рмарки» в Москве́ тепе́рь прово́дятся регуля́рно - of special interest are the "vacany fairs" conducted by the Moscow labour exchange at which workers may choose a company and a job according to their skill. Here it is possible to get open access to an information bank, professional and legal consultation; to pick up a directive for retraining or to find a temporary job. "Fairs" like this are now conducted regularly in Moscow.

3. Очень важны́ психологи́ческие аспе́кты переподгото́вки. Безрабо́тные же́нщины сре́днего во́зраста со среднетехни́ческим и вы́сшим образова́нием, как пра́вило, ме́нее всего́ психологи́чески подгото́влены к переме́не рабо́ты. К тому́ же реа́льно им мо́гут предложи́ть лишь до́лжности, не тре́бующие высо́ких квалифика́ций -

175

the psychological aspects of retraining are very important. Middle-aged unemployed women with secondary technical or higher education are, as a rule, least prepared for a change of job. Moreover they can realistically only be offered posts not requiring high qualifications.

4. Выполне́ние обще́ственных рабо́т - но́вая фо́рма сро́чного трудово́го соглаше́ния ме́жду безрабо́тным, слу́жбой за́нятости и работода́телем. К обще́ственным рабо́там отно́сятся рабо́ты, свя́занные с благоустро́йством го́рода, не́которые ви́ды коммуна́льного и бытово́го обслу́живания населе́ния, специфи́ческие рабо́ты в здравоохране́нии (ня́нечка, медсестра́) и т.д. Как пра́вило, таки́е рабо́ты низкооплачиваемы, и работода́тель испы́тывает тру́дности в по́исках постоя́нных рабо́тников на э́ти рабо́чие места́ - carrying out public works is a new form of fixed-term work contract between the unemployed person, the employment service and the employer. Public works include jobs connected with urban improvement, certain forms of communal and public service for the population, specific jobs in the health service (child minder, nurse), etc. As a rule such jobs are low-paid, and the employer experiences difficulty in finding permanent staff for these jobs.

5. Генера́льный дире́ктор труда́ и за́нятости Москвы́ И.Е.Засла́вский говори́т: «Я счита́ю, что безрабо́тица име́ет не то́лько каку́ю-нибудь отрица́тельную сто́рону. На мой взгляд, она́ велича́йшее бла́го, ещё не осо́знанное все́ми на́ми. Э́то даёт возмо́жность челове́ку ещё раз испыта́ть себя́, попро́бовать себя́ на но́вом по́прище, поко́нчить с нену́жной рабо́той, нача́ть всё снача́ла» - Moscow's director-general of labour and employment I. E. Zaslavsky says: "I consider that unemployment has not only a certain negative side. In my view it is a major blessing which has still not been recognised by all of us. It allows a person to test himself again, to try himself in a new walk of life, to have done with unnecessary work and to begin again".

6. Согла́сно неда́внему опро́су 35% опро́шенных согла́сны, что безрабо́тица допусти́ма и да́же поле́зна. 59% вы́сказались отрица́тельно - according to a recent poll 35% of those polled agreed that unemployment was acceptable and even beneficial. 59% disagreed.

Answer the following questions:
1. Как лю́ди справля́ются с положе́нием, оказа́вшись без рабо́ты?
2. Почему́ в Росси́и был при́нят зако́н о за́нятости?

3. Согла́сны ли вы с мне́нием, что безрабо́тица поле́зна?
4. Чем занима́ется центр по трудоустро́йству?
5. Когда́ появи́лись би́ржи труда́ в Росси́и и чем они́ занима́ются?
6. Кто получа́ет посо́бие по безрабо́тице?
7. Как мо́жно доби́ться по́лной за́нятости?

Exercises:

1. *Make changes in the sentence according to the models, first by using* явля́ться (+ inst) *and then* представля́ть собо́й (+ acc):
Безрабо́тица - одна́ из са́мых серьёзных пробле́м.   Безрабо́тица явля́ется одно́й из са́мых серьёзных пробле́м.   Безрабо́тица представля́ет одну́ из са́мых серьёзных пробле́м.

Опа́сность банкро́тства - са́мая больша́я угро́за для предприя́тий. Инфля́ция - гла́вный фа́ктор, влия́ющий на у́ровень безрабо́тицы. Безрабо́тица в Росси́и - результа́т кра́ха ста́рой экономи́ческой систе́мы.   Безрабо́тица - своего́ ро́да обще́ственная боле́знь.   Поте́ря рабо́ты - траге́дия для челове́ка.

2. *Complete the sentences using either* благодаря (+ dat = "thanks to" [something positive]) *or* из-за (+ gen = "due to" [something negative]):
В настоя́щее вре́мя страна́ не мо́жет избежа́ть безрабо́тицы ... (нехва́тка рабо́чих мест).   ... (спад произво́дства) бы́ли сокращены́ ты́сячи инжене́ров.   Срок по́исков рабо́ты сократи́лся ... (созда́ние служб за́нятости).   Спад произво́дства происхо́дит ... (сниже́ние спро́са на това́ры). ... (откры́тие но́вого предприя́тия) бы́ли устро́ены на рабо́ту мно́гие рабо́чие.

3. *Replace the English word by its Russian equivalent, putting it in the correct form:*
(Recession) - одна́ из причи́н распростране́ния безрабо́тицы.   (The number of unemployed) в Росси́и мо́жет ре́зко увеличи́ться в результа́те приня́тия (Law on bankruptcy).   Ра́ньше в СССР существова́ла (full employment), большинство́ предприя́тий испы́тывали (shortage of the workforce).   В усло́виях расту́щей безрабо́тицы (mass redundancies) обы́чно начина́ются с же́нщин.   (Unemployment benefit) явля́ется я́вно недоста́точным, что́бы вы́жить в усло́виях ро́ста цен.   (Service sector) в Росси́и ещё совсе́м нера́звит.   Сейча́с в Росси́и появи́лось мно́го (retraining programmes).   Со́тни ты́сяч рабо́чих (undergo retraining).

4. *Form Present Active Participles from the following verbs:*
бастова́ть, служи́ть, иска́ть рабо́ту, де́йствовать, труди́ться, высвобожда́ться, стреми́ться, развива́ться, нужда́ться, проходи́ть переподгото́вку, специализи́роваться на произво́дстве

Form Past Active Participles from the following verbs:
забастова́ть, потеря́ть рабо́ту, оказа́ться без рабо́ты, высвободиться, труди́ться, находи́ться, стреми́ться, обанкро́титься, пройти́ переподгото́вку

Form Past Passive Participles from the following verbs (give both short and long form):
уво́лить, сократи́ть, вы́свободить, опроси́ть, заня́ть, разви́ть, пони́зить, повы́сить, созда́ть, приня́ть, дать, потеря́ть, зарегистри́ровать, удовлетвори́ть, скрыть, распространи́ть.

5. *Pick the right participles from the previous exercise to translate the following phrases:*
(1) Creation of employment agencies was a big help for those looking for work.
(2) The number of those who lost work has reached several thousand. (3) The number of those made redundant as a result of bankruptcy has increased almost twice. (4) It is difficult to find work for all workers being laid off. (5) Many workers from the military industrial complex found themselves laid off. (6) Enterprises which have gone bankrupt have very little chance of survival. (7) People who found themselves without work lost hope in the future. (8) The strikers are demanding a new pay rise, they are not satisfied with the 5% rise. (9) Job centres dealing with job-seeking were created all over Russia. (10) 5 million unemployed were registered last year at Labour exchanges. (11) Almost 40% of those polled during the recent poll declared that unemployment has a positive side. (12) 80% of employees employed in the military industrial complex may loose their jobs. (13) Workers who underwent retraining have a good chance of finding work. (14) Hidden unemployment was a widespread phenomenon in the former USSR.

Write an essay on: "The Causes and Effects of Unemployment"
Give your definition of unemployment and examine its causes, say that unemployment exists in any country no matter what its political system. Despite the fact that the former USSR claimed not to have it there was hidden unemployment there; explain what is meant by this.
Say that unemployment is inevitable in the age of the scientific and technical revolution, when production processes are constantly changing. People have to be

very flexible, ready to change jobs several times and ready to go for retraining and acquire new professions.

Say that in Russia the situation is very serious: Russia is undergoing recession at the moment. Transition to a market economy, the introduction of competition and the passing of a bankruptcy law will inevitably lead to more unemployment in the future. So it is very important to be prepared for it.

Describe the new employment law which was passed in 1991. Say that people now can register unemployed at labour exchanges and receive unemployment benefit. Say that women in Russia, especially educated ones, suffer most from unemployment: they are the first to be made redundant as a result of structural changes in production, they are also the ones who find it difficult to find new jobs. Suggest what can be done about it.

Describe various ways of reducing unemployment: perhaps people should retire earlier, or work part time, for a shorter week? Or should we create more jobs by developing the service sector (especially in Russia where it is still undeveloped)?

Express your opinion about unemployment: do you agree with some people that unemployment can be useful, can be a good thing since it encourages people to act, test their abilities, abandon obsolete professions and find new ones?

ПОЛИТИКА POLITICS

I. Political systems: полити́ческие систе́мы
Большинство́ полити́ческих систе́м уже́ перешли́ к демокра́тии
- the majority of political systems have already moved towards democracy.

"state system": госуда́рственный строй, госуда́рственное устро́йство
Выделя́ются две фо́рмы госуда́рственного устро́йства:
унита́рная и федерати́вная - two forms of state system may be
distinguished - uniform and federal.

"parliamentary democracy": парламента́рная демокра́тия
На За́паде парламента́рная демокра́тия счита́ется наибо́лее
справедли́вой систе́мой правле́ния, но не все ду́мают так - in the
West a parliamentary democracy is considered the fairest system of
government, but not everybody thinks so.

"to form a government": формирова́ть прави́тельство
При демократи́ческой систе́ме правле́ния прави́тельство
формиру́ется победи́вшей на вы́борах па́ртией - under a
democratic system the government is formed by the party which has won
the election.

"system of government": фо́рма правле́ния
Респу́блика - наибо́лее распространённая фо́рма правле́ния, при
кото́рой главо́й госуда́рства явля́ется и́збранное лицо́ - a republic
is the most widespread system of government in which the head of state is
an elected person.

"monarchy": мона́рхия
По фо́рме правле́ния Соединённое Короле́вство - мона́рхия, в
кото́ром глава́ госуда́рства лишена́ исполни́тельной вла́сти - in
its system of government the United Kingdom is a monarchy in which the
head of state is deprived of executive power.

"dictatorship": диктату́ра
В Росси́и по́сле револю́ции была́ устано́влена диктату́ра
пролетариа́та - the dictatorship of the proletariat was established in
Russia after the revolution.

180

"federal state": федерати́вное госуда́рство

В федерати́вных госуда́рствах, как США и́ли Герма́ния, отде́льные террито́рии страны́ име́ют свои́ со́бственные полномо́чия, кото́рые не мо́гут быть изменены́ центра́льной вла́стью - in federal states such as the USA and Germany separate territories of the country have their own plenary powers which may not be altered by central authority.

"to grant the right": предоставля́ть (pf предоста́вить) пра́во

Конститу́ция большинства́ федерати́вных госуда́рств не предоставля́ет свои́м террито́риям пра́ва вы́хода из неё - the constitution of the majority of federal states does not grant their territories the right to leave it.

"secession": отделе́ние

Отделе́ние от федерати́вного госуда́рства чрева́то тяжёлыми после́дствиями, е́сли други́е чле́ны федера́ции про́тив э́того - secession from a federal state is fraught with serious consequences if the other members of the federation oppose it.

Фа́кты для размышле́ния

1. Респу́блика мо́жет быть демократи́ческой, но фаши́стские и други́е тоталита́рные режи́мы мо́гут испо́льзовать демократи́ческие институ́ты в свои́х це́лях. Подавля́я оппози́цию и принужда́я населе́ние, иногда́ си́лой, голосова́ть за них, они́ получа́ют «демократи́ческий манда́т» для проведе́ния свое́й поли́тики - a republic may be democratic but fascist and other totalitarian regimes may use democratic institutions for their own ends. In suppressing the opposition and forcing the population, sometimes by force, to vote for them, they acquire a "democratic mandate" to put through their policies.

2. Мона́рх - э́то си́мвол еди́нства и традицио́нный арби́тр на́ции, стоя́щий над парти́йными схва́тками и обеспе́чивающий еди́нство страны́. В ря́де стран, как Великобрита́ния, Бе́льгия, Испа́ния, он облада́ет пра́вом представля́ть госуда́рство на междунаро́дной аре́не - the monarch is the symbol of unity and traditional arbiter of a nation who stands above party skirmishes and guarantees the unity of the country. In a number of

countries such as Great Britain, Belgium and Spain the monarch has the right to represent the state on the international scene.

3. Федерати́вное госуда́рство име́ет таку́ю фо́рму администрати́вно-территориа́льного устро́йства, при кото́рой наряду́ с не́которыми о́бщими зако́нами и о́рганами вла́сти существу́ют отде́льные территориа́льные едини́цы (респу́блики, прови́нции, шта́ты и т.д.), име́ющие со́бственные законода́тельные, исполни́тельные и суде́бные о́рганы - a federal state has the sort of geographical adminstrative structure in which, together with some common laws and organs of power, there exist distinct territorial units (republics, provinces, states, etc.) having their own legislative, executive and judicial organs.

4. До неда́внего вре́мени был изве́стен лишь еди́нственный слу́чай ми́рного и относи́тельно безболе́зненного разделе́ния федера́ции: в 1965 году́ из соста́ва федерати́вного госуда́рства Мала́йзия, образова́вшегося в 1963 году́, вы́шел оди́н из шта́тов - Сингапу́р, бы́вший наибо́лее ра́звитой в экономи́ческом отноше́нии ча́стью страны́ - until recently only one case of a peaceful and relatively painless division of a federation had been known: in 1965 one of the states, Singapore, which had been the most developed part of the country in economic respects, withdrew from membership of the federal state of Malaysia.

5. В на́ши дни в ми́ре происхо́дят два взаимоисключа́ющих проце́сса. С одно́й стороны́, распада́ются ста́рые, каза́вшиеся усто́йчивыми, госуда́рственные образова́ния. На их ме́сте возника́ют но́вые госуда́рства с измени́вшейся полити́ческой систе́мой. Приме́р: распа́д бы́вшего Сове́тского Сою́за. С друго́й стороны́, в За́падной Евро́пе нараста́ют интеграцио́нные проце́ссы, скла́дываются «Соединённые шта́ты Евро́пы» - two mutually exclusive processes are occurring in the world in our time. On the one hand old states which had seemed stable are disintegrating. In their place new states are springing up with a changed political system. For example: the disintegration of the Soviet Union. In Western Europe on the other hand integration processes are gathering strength and the "United States of Europe" are taking shape.

Answer the following questions:
1. Каки́е фо́рмы правле́ния госуда́рств вы зна́ете?
2. К како́й фо́рме правле́ния принадлежи́т ва́ша страна́?
3. Каки́е фо́рмы госуда́рственного устро́йства вам изве́стны?

4. Как вы понима́ете иде́ю федерати́вного госуда́рства?
5. Каки́е преиму́щества существу́ют в мона́рхии?

II. Political institutions: полити́ческие институ́ты

"to elect": избира́ть (pf избра́ть)
Президе́нт избира́ется на четы́ре го́да - the President is elected for four years.

"constituency": избира́тельный о́круг
Вы́боры прово́дятся по избира́тельным округа́м - elections are held by constituencies.

"election campaign": избира́тельная кампа́ния
Избира́тельная кампа́ния начина́ется со дня объявле́ния да́ты вы́боров - the election campaign begins on the day of the announcement of the election date.

"pre-election campaign": предвы́борная кампа́ния
Совреме́нная предвы́борная кампа́ния невозмо́жна без уча́стия средств ма́ссовой информа́ции - a modern pre-election campaign is impossible without mass media participation.

"inaugural congress": учреди́тельный съезд
Состоя́лся учреди́тельный съезд но́вой полити́ческой па́ртии - the new political party's inaugural congress took place.

"manifesto": програ́мный докуме́нт, манифе́ст
В програ́мном докуме́нте но́вая па́ртия провозглаша́ет направле́ние свое́й поли́тики - in its manifesto the new party is proclaiming the direction of its policy.

"to make a speech": выступа́ть (pf вы́ступить) с ре́чью
На ми́тинге вы́ступил с ре́чью кандида́т на пост премье́р-мини́стра - the candidate for the post of prime-minister made a speech at the rally.

"voter": избира́тель

Ка́жется, избира́тели бо́льше обраща́ют внима́ние на ли́чности, чем на програ́ммы па́ртий - voters seem to pay more attention to personalities than to party programmes.

"to vote": голосова́ть (pf проголосова́ть)

В А́нглии сумасше́дшие и чле́ны короле́вской семьи́ не мо́гут голосова́ть - in England the mentally handicapped and members of the royal family may not vote.

"voting right": пра́во го́лоса

В большинстве́ стран пра́во го́лоса предоставля́ется всем дости́гшим 18-ле́тия гра́жданам - in most countries the voting right is extended to all citizens who have reached the age of 18.

"secret ballot": та́йное голосова́ние

Голосова́ние должно́ быть та́йным - the ballot must be secret.

"universal suffrage": всео́бщее и ра́вное избира́тельное пра́во

В демократи́ческих стра́нах вы́боры прово́дятся на осно́ве всео́бщего и ра́вного избира́тельного пра́ва - in democratic countries elections are conducted on the basis of universal suffrage.

"to win an election": побежда́ть (pf победи́ть) на вы́борах

Са́мое стра́шное, е́сли на вы́борах победя́т националисты - the most frightening thing is if the nationalists win at the elections.

"to effect political control": осуществля́ть (pf осуществи́ть) полити́ческое управле́ние

Полити́ческое управле́ние в о́бществе осуществля́ется с по́мощью зако́на - political control in society is effected with the help of the law.

"to suppress freedom": подавля́ть (pf подави́ть) свобо́ду

При тоталита́рных режи́мах подавля́ются полити́ческие свобо́ды - under totalitarian regimes political freedoms are suppressed.

"violation of human rights": нарушéние прав человéка

Нарушéние прав человéка бы́ло обы́чным явлéнием при коммунисти́ческом режи́ме - violation of human rights was a normal phenomenon under the communist regime.

"*Rechsstaat*, a state accountable to law": правовóе госудáрство

Правовóе госудáрство - э́то госудáрство, в котóром соблюдáются правá человéка - a state accountable to law is one in which human rights are observed.

"the supremacy of the law": верховéнство закóна

В правовóм госудáрстве преобладáет верховéнство закóна при разрешéнии любы́х конфли́ктов - in a state which recognises the law the supremacy of the law is paramount in the resolution of any conflicts.

"one-party system": однопарти́йная систéма

70 лет в Росси́и госпóдствовала однопарти́йная систéма - for 70 years a one-party system held sway in Russia.

"two-party system": двухпарти́йная систéма

Типи́чный примéр двухпарти́йной систéмы - США, где республикáнская и демократи́ческая пáртии ужé бóлее ста лет сменя́ют друг дрýга - a typical example of a two-party system is the USA where the Republican and Democrat parties have been replacing each other for over a hundred years now.

"multi-party system": многопарти́йная систéма

В Росси́и вновь формирýется многопарти́йная систéма: за власть бóрются нéсколько пáртий - in Russia a multi-party system is again being formed: several parties are fighting for power.

"opposition": оппози́ция

Оппози́ция неэффекти́вна, éсли онá состои́т из многочи́сленных мéлких движéний - opposition is ineffective if it consists of numerous small movements.

Фа́кты для размышле́ния

1. Приме́р двухпарти́йной систе́мы - Великобрита́ния. Консерва́торы и лейбори́сты в тече́ние мно́гих десятиле́тий неизбе́жно побежда́ют на вы́борах, несмотря́ на неоднокра́тные попы́тки тре́тьих па́ртий (либера́лов, национа́льных па́ртий Шотла́ндии и Уэ́льса) нару́шить их монопо́лию - an example of a two-party system is Great Britain. For many decades the conservatives and labour party have been winning elections without fail despite the frequent attempts of third parties (Liberals, Scottish and Welsh national parties) to break their monopoly.

2. В сове́тские го́ды КПСС (Коммунисти́ческая па́ртия Сове́тского Сою́за) была́ еди́нственной пра́вящей па́ртией и уча́ствовала на всех уровня́х вла́сти - от сою́зного до городско́го и райо́нного - в приня́тии и реализа́ции реше́ний в экономи́ческой, внутри- и вне́шне-полити́ческой, идеологи́ческой, социа́льной сфе́рах - in Soviet times the CPSU (Communist Party of the Soviet Union) was the only ruling party and took part at all levels of power - from national down to town and district - in taking decisions and putting them into effect in the spheres of the economy, domestic and foreign policy, ideology and social life.

3. Иногда́ на ба́зе отде́льных обще́ственных движе́ний формиру́ются па́ртии. Так, в ча́стности, произошло́ с движе́нием защи́тников окружа́ющей среды́ - «зелёных» (экологи́стов). Сего́дня практи́чески во всех ра́звитых стра́нах есть па́ртии «зелёных». В ря́де слу́чаев они́ по́льзуются значи́тельной подде́ржкой населе́ния и име́ют представи́тельство в парла́менте - parties are sometimes formed on the basis of particular movements in public opinion. This happened, for example, with the movement of defenders of the environment - the "greens" (the ecological party). There is nowadays a "green" party in virtually all developed countries. In a number of cases they enjoy significant public support and have representation in parliament.

4. Те́хника проведе́ния предвы́борных кампа́ний стано́вится всё бо́лее усоверше́нствованной. Па́ртии ста́ли широко́ испо́льзовать услу́ги социо́логов, изуча́ющих обще́ственное мне́ние, социа́льных психо́логов, иссле́дующих настрое́ния, симпа́тии и антипа́тии люде́й, их полити́ческие реа́кции и поведе́ние - the technique of conducting pre-election campaigns is becoming more and more sophisticated. Parties have begun to make wide use of the services of sociologists who study public opinion and of

social psychologists who investigate people's moods, likes and dislikes and their political reactions and behaviour.

5. Тоталита́рные режи́мы отлича́ются всевла́стием госуда́рства, жесто́ким контро́лем над социа́льно-экономи́ческим разви́тием страны́, значи́тельной ро́лью а́рмии и репресси́вных о́рганов в осуществле́нии вла́сти. Цель правово́го госуда́рства - обеспе́чить гара́нтию прав и свобо́д свои́х гра́ждан во всех сфе́рах, но дости́чь её мо́жно при усло́вии, е́сли и гра́ждане, в свою́ о́чередь, проявля́ют уваже́ние к зако́нам и институ́там существу́ющей систе́мы - totalitarian regimes are distinguished by the state's absolute power, strict control of the country's social and economic development and the important role of the armed forces and public order organisations in imposing authority. The objective in a state accountable to law is to guarantee the rights and freedoms of its citizens in all spheres, but to achieve this is possible on condition that the citizens in their turn show respect for the laws and institutions of the existing system.

6. Для демокра́тии характе́рен плюрали́зм во всех сфе́рах жи́зни о́бщества, в ча́стности в полити́ческой - существова́ние не́скольких полити́ческих па́ртий, многообра́зие и свобо́дное выраже́ние мне́ний, в сфе́ре идеоло́гии, духо́вной жи́зни - религио́зная терпи́мость - characteristic for democracy is pluralism in all spheres of public life, in particular in the political - the existence of several political parties and the variety and free expression of opinions, and in the sphere of ideology and of spiritual life - religious tolerance.

Answer the following questions:
1. Каку́ю систе́му вы предпочита́ете: однопарти́йную, двухпарти́йную, многопарти́йную?
2. Мо́жет ли быть демократи́ческим о́бщество при однопарти́йной систе́ме?
3. Как прово́дится избира́тельная кампа́ния?
4. Кому́ предоставля́ется пра́во го́лоса?
5. Каку́ю па́ртию вы подде́рживаете и почему́?
6. Чем отлича́ется тоталита́рное госуда́рство?
7. Нужна́ ли нам свобо́да?

III.   The Russian Federation: Российская Федерация

"Federation Subject": субъект Федерации
Субъектом Федерации может быть республика, край, область, город федерального значения, автономная республика, автономный округ - a Federation Subject may be a republic, a *krai*, an *oblast'*, a city of federal significance, an autonomous republic or an autonomous *okrug*.

"to constitute, make up": входить (pf войти) в состав (+ gen)
Государственное устройство России - федерация, в состав которой входят 89 субъектов Федерации - Russia's state system is a federation, made up of 89 Federation Subjects.

"division of power": разграничение власти, разграничение полномочий
Конституция регулирует разграничение власти между Федерацией и её субъектами - the Constitution regulates the division of power between the Federation and its Subjects.
Принят договор о разграничении полномочий между федеральной властью и властью субъектов Федерации - agreement has been reached on the division of powers between federal authority and the authority of the Federation Subjects.

"to surmount, overcome disunity": преодолевать (pf преодолеть) раздробленность
Считается, что федеративное государство может помочь преодолеть государственную и политическую раздробленность - it is thought that a federal state may help to overcome national and political disunity.

"to preserve integrity": сохранять (pf сохранить) целостность
Главное сейчас - не допустить дальнейшего распада и сохранить целостность российского государства - the main thing now is not to allow further disintegration and to preserve the integrity of the Russian state.

"Federal Assembly": Федеральное Собрание
Федеральное Собрание - парламент Российской Федерации - является представительным и законодательным органом Российской Федерации - the Federal Assembly - the parliament of the

Russian Federation - is the Russian Federation's representative and legislative organ.

"Chamber, house (of parliament)": пала́та

Парла́мент любо́й страны́, как пра́вило, состои́т из двух пала́т: ве́рхней (вы́сшей) и ни́зшей - Parliament of any country consists as a rule of two houses: the upper and lower.

"State Duma": Госуда́рственная Ду́ма

Госуда́рственная Ду́ма явля́ется ни́зшей пала́той парла́мента Росси́йской Федера́ции - the State Duma is the lower house of the Russian Federation's parliament.

"Council of the Federation": Сове́т Федера́ции

Ве́рхняя пала́та - Сове́т Федера́ции занима́ется пробле́мами регио́нов и национа́льностей - the upper house, the Council of the Federation, deals with the problems of the regions and the nationalities.

"to eradicate national conflicts": устраня́ть (pf устрани́ть) национа́льные противоре́чия

Федерати́вная фо́рма устро́йства госуда́рства должна́ устрани́ть национа́льные противоре́чия - the federal form of state structure should have eradicated national conflicts.

"propaganda": пропага́нда

Сове́тская пропага́нда была́ напра́влена на созда́ние ми́фа о превосхо́дстве коммунисти́ческого стро́я - Soviet propaganda was aimed at creating a myth about the superiority of the communist system.

Фа́кты для размышле́ния

1. Субъе́ктами Росси́йской Федера́ции мо́гут быть край, о́бласть, го́род федера́льного значе́ния, автоно́мная о́бласть, автоно́мный о́круг. В Росси́и есть два го́рода федера́льного значе́ния - Москва́ и Петербу́рг. Таки́е субъе́кты Федера́ции име́ют свой уста́в и законода́тельство. Субъе́ктами Росси́йской Федера́ции то́же счита́ются о́коло двадцати́ респу́блик, наприме́р Алта́й, Башки́рия, Татарста́н. Респу́блики-субъе́кты РФ име́ют свою́ конститу́цию и законода́тельство - a *krai*, *oblast'*, town of federal significance, autonomous

189

oblast' or autonomous *okrug* may be Federation Subjects. There are two towns of federal significance in Russia - Moscow and St. Petersburg. These Federation Subjects have their own statutes and legislation. About twenty republics, for example the Altai, Bashkiriya and Tatarstan, are also considered Federation Subjects. Russian Federation Subject republics have their own constitutions and legislation.

2. К сожалению, равенство субъектов Российской Федерации в сфере экономики ещё не достигнуто. Статус республики кажется престижнее, чем статус любого другого субъекта Федерации, и часто с ним связаны определённые экономические льготы. У республик больше прав и привилегий. Неудивительно, что некоторые регионы стараются приобрести статус республики. Были проекты создания Уральской, Сибирской, Дальневосточной республик. Эта тенденция может привести к распаду Российской Федерации - unfortunately equality of Federation subjects in the sphere of economics has not yet been achieved. The status of republic seems more prestigious than the status of any other Federation Subject, and definite economic benefits are often linked with it. Republics have more rights and privileges. It is no surprise that some regions are tying to gain the status of a republic. There have been projects to create republics of the Urals, Siberia and the Russian Far East. This trend may lead to the disintegration of the Russian Federation.

3. Федеративное устройство российского государства обусловлено, во-первых, огромными размерами территории, неоднородной по экономическим, климатическим и ландшафтным условиям. Во-вторых - существованием на территории России множества народов - Russia's federal state system is caused firstly by the vast size of her territory, varied in economic, climatic and landscape conditions, and secondly by the existence on Russia's territory of a large number of nationalities.

4. Некоторые утверждают, что федерализма в России никогда не было и нет, что вообще для России более подходит унитарная форма государственного устройства - some people claim that federalism has never existed in Russia and that on the whole a unitary state system is more suited to Russia.

5. В России до сих пор идёт дискуссия между сторонниками президентской и парламентской республик. Для президентской республики характерна концентрация широких полномочий в руках

исполни́тельной вла́сти, и пре́жде всего́, президе́нта. Типи́чный приме́р президе́нтской респу́блики - США, где впервы́е была́ устано́влена э́та фо́рма правле́ния. В парла́ментской респу́блике прави́тельство несёт отве́тственность пе́ред парла́ментом, кото́рый контроли́рует де́ятельность прави́тельства. В Ду́ме сейча́с популя́рна иде́я контро́ля за президе́нтом: мно́гие счита́ют, что у него́ сли́шком мно́го вла́сти - in Russia a discussion is still going on between supporters of presidential and parliamentary republics. Typical for a presidential republic is the concentration of broad powers in the hands of executive authority, in the first instance the president's. A typical example of a presidential republic is the USA where this system of government was first established. In a parliamentary republic the government is responsible to parliament which keeps a check on the government's activity. The idea of keeping a check on the president is now popular in the Duma: many think he has too much power.

Answer the following questions:
1. Кака́я фо́рма правле́ния существу́ет тепе́рь в Росси́и?
2. Как постро́ено росси́йское госуда́рство?
3. По ва́шему мне́нию, мона́рхия подходя́щая фо́рма правле́ния для Росси́и?

IV.   Politics in Russia: поли́тика в Росси́и

"political diversity": полити́ческое многообра́зие
Росси́йская Федера́ция отлича́ется полити́ческим многообра́зием и многопарти́йностью - the Russian Federation is distinguished by its political diversity and its number of parties.

"ideological unanimity": идеологи́ческое единомы́слие
Наконе́ц-то, в стране́ поко́нчено с идеологи́ческим единомы́слием и однопарти́йностью - the country has at last finished with ideological unanimity and the one party system.

"transition from totalitarianism to democracy": перехо́д от тоталитари́зма к демокра́тии
В Росси́и перехо́д к демокра́тии бу́дет дли́тельным и сло́жным - in Russia the transition to democracy will be long and difficult.

"military coup": вое́нный переворо́т, путч

В Росси́и и сейча́с существу́ет опа́сность вое́нного переворо́та - there is even now a danger of a military coup in Russia.

"authoritarianism": авторитари́зм

Не́которые счита́ют, что путь Росси́и от тоталитари́зма к демокра́тии лежи́т че́рез авторитари́зм - some think that Russia's path from totalitarianism to democracy lies through authoritarianism.

"authoritarian": авторита́рный

В Росси́и я́вно наме́тились авторита́рные тенде́нции, а они́ мо́гут повлия́ть на становле́ние демокра́тии в стране́ - authoritarian tendencies are clearly marked in Russia and they may influence the coming of democracy in the country.

"to remove from power": отстраня́ть (pf отстрани́ть) от вла́сти

В 1991 году́ во вре́мя пу́тча уже́ была́ попы́тка отстрани́ть президе́нта от вла́сти - in 1991 during the putsch there had already been an attempt to remove the president from power.

"to rely on the support of": опира́ться (pf опере́ться) на (+ acc)

Мо́жет ли президе́нт опере́ться на а́рмию при попы́тке переворо́та? - could the president rely on the support of the army in a coup attempt?

"moderate": уме́ренный

Избира́тельный блок «Наш дом - Росси́я» мо́жно назва́ть уме́ренным - the "Our Home is Russia" alliance could be called moderate.

"moderation": уме́ренность

В Росси́и наблюда́ется поворо́т в сто́рону уме́ренности: лю́дям надое́ли экстреми́сты, им нужны́ стаби́льность и поря́док - a swing towards moderation is evident in Russia: people are fed up with extremists, they need stability and order.

"centrist": центри́стский

Бы́ло при́нято реше́ние о созда́нии двух центри́стских бло́ков - a decision was taken on the creation of two centrist alliances.

Фа́кты для размышле́ния

1. Конститу́ция наделя́ет президе́нта Росси́и огро́мной вла́стью, не уравнове́шанной доста́точными демократи́ческими противове́сами, и в то же вре́мя не обременя́ет его́ (в отли́чие, наприме́р, от президе́нта США) каки́ми-нибу́дь обя́занностями по повседне́вному управле́нию страно́й. У президе́нта, по-пре́жнему, полномо́чия дикта́тора, он всех назнача́ет и сменя́ет, он мо́жет распусти́ть парла́мент и смени́ть прави́тельство - the Constitution confers on the President of Russia immense authority which is not balanced by adequate democratic controls and at the same time does not burden him (unlike the US President) with any obligations on the everyday running of the country. As in the old days, the President has dictatorial powers, he appoints and replaces people and he can dissolve parliament and replace the government.

2. В СССР толчко́м к разруше́нию тоталита́рной систе́мы бы́ли рефо́рмы 80-х годо́в, предпри́нятые руково́дством для «устране́ния недоста́тков» и осуществле́ния демократиза́ции о́бщества. Как то́лько наро́ду бы́ло позво́лено вы́сказать сужде́ние о госпо́дствующем полити́ческом режи́ме, он отказа́л ему́ в пра́ве на существова́ние - in the USSR the reforms of the 80s, undertaken by the leadership "for the elimination of shortcomings" and bringing about the democratisation of society were a spur to the destruction of the totalitarian system. As soon as the population was allowed to express a judgement on the prevailing political regime, it refused it the right to exist.

3. Существу́ет мне́ние, что либера́льно-демократи́ческая моде́ль госуда́рства, распространённая на За́паде, не явля́ется идеа́льной систе́мой в Росси́и из-за свое́й бездухо́вной, материалисти́ческой приро́ды. Росси́я с её приорите́том духо́вности мо́жет развива́ться адеква́тно свое́й приро́де то́лько в ру́сле со́бственной истори́ческой правосла́вной тради́ции, а правосла́вие с его́ собо́рностью противоре́чит многопарти́йности - there is a view that a state on the democratic liberal model common in the West is not the ideal system for Russia because of its unspiritual, materialistic nature. Russia with her priority of spirituality can develop in accordance with her nature only along the lines of her own historic Orthodox tradition, and Orthodoxy with its sense of community contradicts the multi-party idea.

A Guide to Essay Writing in Russian

● НАВСТРЕЧУ ВЫБОРАМ

Женщины России - это шанс России

ПОЛИТИЧЕСКОЕ ДВИЖЕНИЕ «ЖЕНЩИНЫ РОССИИ» ОТСТАИВАЕТ ПРАВО КАЖДОГО РОССИЯНИНА НА ТРУД, БЕСПЛАТНОЕ КАЧЕСТВЕННОЕ ОБРАЗОВАНИЕ, ЗДРАВООХРАНЕНИЕ, ЛИЧНУЮ БЕЗОПАСНОСТЬ, ПОВЫШЕНИЕ ЗАРАБОТНОЙ ПЛАТЫ, ПЕНСИЙ, ПОСОБИЙ. ПОСЛЕДОВАТЕЛЬНО ВЫСТУПАЕТ ПРОТИВ ПРИВАТИЗАЦИИ БОЛЬНИЦ, ШКОЛ И ДЕТСКИХ САДОВ, ПРОТИВ КОРРУПЦИИ, ВОЙНЫ В ЧЕЧНЕ.

Екатерина ЛАХОВА

наш лозунг:
«ЖЕНЩИНЫ РОССИИ» – ДЛЯ РОССИИ»
наши цели:
ДОСТОЙНАЯ ЖИЗНЬ КАЖДОЙ СЕМЬИ И МИР В ОТЕЧЕСТВЕ
наши принципы:
ВЕРА В ЧЕЛОВЕКА НАДЕЖДА НА СЕМЬЮ ЛЮБОВЬ К РОССИИ

194

4. Согла́сно опро́су фо́нда «Обще́ственное мне́ние» лишь 19% бы́ли согла́сны с тем, что Росси́ей управля́ют демокра́ты, бо́лее полови́ны же счита́ли ина́че. Приме́рно сто́лько же опро́шенных не счита́ли демокра́том и президе́нта. 38% россия́н счита́ли, что демокра́тия не соотве́тствует тради́циям Росси́и, и лишь 27% ду́мали ина́че - according to a poll by the "Public Opinion" fund only 19% agreed that democrats were ruling Russia, while more than half thought otherwise. About the same number did not consider the President a democrat. 38% of Russians considered that democracy did not correspond to Russia's traditions, and only 27% thought otherwise.

5. В после́днее вре́мя ча́сто говоря́т, что росси́йский избира́тель разочарова́лся в демокра́тии. Об э́том свиде́тельствуют, в ча́стности, и ито́ги после́дних вы́боров в ме́стные о́рганы вла́сти: во мно́гих регио́нах число́ прише́дших на избира́тельные уча́стки с трудо́м перевали́ло за 25%, а ко́е-где, да́же в тако́м традицио́нно демократи́ческом го́роде, как Санкт-Петербу́рг, вы́боры не состоя́лись вообще́ - people have often been saying recently that the Russian voter has become disillusioned in democracy. The outcome of the last elections to organs of local government also bears witness to this: in many areas the number of those who came to the polling stations only just exceeded 25%, and in places, even in so democratic a city as St. Petersburg, elections did not take place at all.

СОЦИОЛОГИЯ

Отцы и дети

В рамках одного из октябрьских опросов фонда «Общественное мнение» был задан вопрос: «Какие партии, близкие вам по своим позициям, вы хотели бы видеть в Думе?» Симпатии молодых и пожилых россиян не совпали (разрешалось дать несколько ответов).

18–24 года		старше 55 лет	
21%	«ЖЕНЩИНЫ РОССИИ»	КП РФ	30%
18%	«ЯБЛОКО»	«ЯБЛОКО»	23%
16%	«НАШ ДОМ – РОССИЯ»	«ЖЕНЩИНЫ РОССИИ»	21%
11%	ЛДПР	«НАШ ДОМ – РОССИЯ»	17%
9%	«ДЕМОКРАТИЧЕСКИЙ ВЫБОР РОССИИ»	АГРАРНАЯ ПАРТИЯ РОССИИ	15%

Примечательно, что в пятерке партий и движений, наиболее близких пожилым людям, нет ЛДПР и ДВР, а в «молодежной» пятерке не нашлось места КП РФ и АПР.

(из ру́сской пре́ссы. КП РФ: Коммунисти́ческая па́ртия Росси́йской Федера́ции; ЛДПР: Либера́льно-демократи́ческая па́ртия Росси́и)

6. Как показа́ли вы́боры 1995 го́да са́мые популя́рные па́ртии из 43 уча́ствовавших в вы́борах - Коммунисти́ческая па́ртия Росси́йской Федера́ции, Либера́льно-демократи́ческая па́ртия Росси́и (националисти́ческая па́ртия Жирино́вского) и Наш дом Росси́я. Из остальны́х па́ртий и движе́ний то́лько Я́блоку (блок Явли́нского удало́сь набра́ть необходи́мые 5% голосо́в - as the December 1995 election showed the most popular parties of the 43 which took part in the election were the Communist Party of the Russian Federation, the Liberal-Democratic Party of Russia (Zhirinovsky's nationalist party) and Our Home is Russia. Of the other parties and movements only Yabloko (Yavlinsky's block) succeeded in getting the necessary 5%.

Answer the following questions:
1. Как вы мо́жете охарактеризова́ть тоталита́рный режи́м, существова́вший в бы́вшем СССР?
2. Почему́ разру́шилась тоталита́рная систе́ма в СССР?
3. Как вы понима́ете правово́е госуда́рство?
4. Счита́ете ли вы, что либера́льная демокра́тия наибо́лее подходя́щая моде́ль полити́ческого устро́йства для Росси́и?
5. Существу́ет ли в Росси́и опа́сность вое́нного переворо́та и почему́?
6. Согла́сны ли вы, что путь от тоталитари́зма к демокра́тии в Росси́и лежи́т че́рез авторитари́зм?
7. Не ду́маете ли вы, что по росси́йской Конститу́ции президе́нт Росси́и име́ет сли́шком мно́го вла́сти?
8. Почему́ населе́ние Росси́и стано́вится всё бо́лее равноду́шным к уча́стию в полити́ческой жи́зни?

Exercises:
1. *Replace the phrases in brackets by one of the words provided below:*
Согла́сно Конститу́ции все россия́не име́ют ра́вное пра́во (принима́ть уча́стие) в управле́нии госуда́рством. Депута́ты (ока́зывают влия́ние) на рабо́ту парла́мента. Прави́тельство (несёт отве́тственность) за экономи́ческое положе́ние страны́. Ве́рхняя пала́та (осуществля́ет контро́ль за) выполне́нием но́вых зако́нов. Росси́йское госуда́рство (ока́зывает по́мощь) всем стра́нам Бли́жнего зарубе́жья. Госуда́рство (ока́зывает подде́ржку) всем бе́женцам.

(помога́ть, уча́ствовать, контроли́ровать (+ acc), влия́ть, быть отве́т-
ственным, подде́рживать + acc)).

2. *Check whether you remember these parenthetic words and phrases:*
(In fact), в ми́ре существу́ет мно́го полити́ческих режи́мов.   Два
проце́сса паралле́льно происхо́дят в ми́ре: (on one hand), распада́ются
ста́рые госуда́рственные объедине́ния, (on the other hand), формиру́ются
но́вые.   (It seems), в Росси́и насчи́тывается не оди́н деся́ток
полити́ческих па́ртий.   (It goes without saying), но́вая па́ртия явля́ется
центри́стской.   (Fortunately), мно́гие па́ртии исчеза́ют так же бы́стро,
как появля́ются.   (In other words), зада́ча па́ртии - созда́ние правово́го
госуда́рства.   (According to press reports), цель но́вого избира́тельного
бло́ка - объедини́ть ра́зные обще́ственные слои́.   (Without doubt),
а́рмия ока́зывает влия́ние на реше́ния полити́ческих пробле́м.   (To cut
a long story short), Федера́льное Собра́ние явля́ется постоя́нно
де́йствующим о́рганом.

3. *Put* те, кто *in* тот, кто *into the right case:*
(For those who) подде́рживал демокра́тов, наступи́ло разочарова́ние.   Я
(with those who) признаёт права́ челове́ка.   (Those who) принима́л уча́стие
в пу́тче, уже́ освобождены́.   Я ду́маю на вы́борах победя́т (those who)
уме́ет говори́ть не то́лько о поли́тике.   На́до вы́брать (those who)
бу́дет проводи́ть разу́мную поли́тику.   На́до помога́ть (those who)
пыта́ется улу́чшить положе́ние в стране́.   (Among those who) голосова́л
за коммуни́стов, мно́го пенсионе́ров.

4. *Decide* за (for) *and* про́тив (against) *by putting the words in brackets in the
right case:*
Мы за (еди́ная и це́лостная Росси́я, диало́г со все́ми полити́ческими
движе́ниями,   отста́вка   президе́нта,   оконча́ние   войны́   в   Чечне́,
наведе́ние поря́дка в стране́)   Мы про́тив (национали́зм, усиле́ние
вла́сти   президе́нта,   вмеша́тельство   в   дела́   други́х   госуда́рств,
давле́ние на бы́вшие сою́зные респу́блики)

5. *Translate the phrases in brackets:*
(The main thing) в экономи́ческой програ́мме - останови́ть рост
инфля́ции.   (The new thing) в Конститу́ции - призна́ние прав челове́ка.
(The most valuable) в програ́мме па́ртии - призна́ние плюрали́зма во всех
сфе́рах жи́зни.   (The   most   important)   -   сохрани́ть   це́лостность

197

росси́йского госуда́рства.   (The most horrible thing) - испо́льзование национали́зма в полити́ческих це́лях.

6. *Translate into Russian:*
(1) There are certain advantages in the federal structure of the Russian state. It is hoped that such a structure will help to preserve the unity and territorial integrity of the Russian state. (2) The idea of strengthening control over the president is popular in the Russian parliament: some consider that the president has too much power. (3) It is not surprising that people are fed up with politicians discussing democracy and reforms. People need stability and peace, law and order. (4) You cannot have a democratic society under a one-party system. Luckily such a system is a thing of the past. A multi-party system is being formed in Russia, numerous parties are emerging.   They are often indistinguishable from one another. (5) Violations of human rights were a common phenomenon during the communist regime. Even now one can still hear of abuses taking place on all levels of society. (6) The ultimate aim of the Russian government is the creation of state which recognises the law and in which human rights are observed.

Write an essay on either: "The Problems of Russia's Political Development"
    First make references to the past when Russia was part of the USSR. Outline the USSR's political system, say that for more than 70 years it was a totalitarian state, where the dictatorship of the proletariat was officially proclaimed. It was a one-party state where the communist party controlled all aspects of life: economic and cultural, as well as political. There were constant violations of human rights and political freedom was suppressed.
    Much has now changed. The Soviet Union has collapsed and its former Union republics are now independent states with Russia (the Russian Federation) being the largest of these states. Russia is now a multi-party state and the number of parties is growing. That of course makes it difficult for people to vote; they are not used to choosing. There is no single official ideology any more, there is pluralism, and people can openly express their opinions. A new political structure has been set up.
    Russia is a parliamentary republic with its parliament (Federal Assembly) controlling the government. But at the same time Russia is quite close to a presidential republic: a lot of power is concentrated in the president's hands. Some people indeed suggest that the president has too much power.   Two elections usually take place in Russia: parliamentary and presidential. Give your opinion of how the last elections were conducted.
    Examine Russia's state system (Russia is a federation consisting of 89 Federation subjects). Explain what these subjects are, what the difference is between them, and what kind of powers they have. Say that according to the

constitution Russian Federation subjects do not have the right to secede. The Russian Federation intends to preserve the integrity of the Russian state, to overcome national and political disunity.

That creates problems when one of its Federation subjects like Chechnya wants to secede. Could Chechnya whose geographical position is inside Russia and whose economy is so closely integrated into the Russian Federation survive? Perhaps Chechnya should be given a special status within the Russian Federation taking into account its history and religion. But what would happen if all the other Federation Subjects demanded independence? War is clearly not a solution to the problem. What is needed is political pressure.

or on: "Russia's Transition to Democracy"

Say that the process of transition from a totalitarian system to democracy has been very painful. The ultimate aim, of course, is to create a state where human rights are observed and where the rule of law is paramount.

Some people suggest that Russia can never achieve the creation of a democracy as in the West. Historically Russia developed differently. In their opinion a monarchy would be more suitable for Russia. Are there any advantages in a monarchy in your opinion?

Others suggest that Russia's road to democracy lies through authoritarianism. The Russian people have traditionally liked powerful authority and a strong state and they think law and order can only be achieved through strong central power, through "strong-arm politics". There are plenty of such opinions in Russia and many of them are linked to the idea of nationalism and patriotism. That could be very dangerous in a Federation which includes several minorities. Give examples of such parties and their ideas.

But on the other hand the war in Chechnya brought a lot of discontent, a majority of educated people are against military interference in the Republic of Chechnya and believe that this should have been solved by peaceful means. That united some democratic forces and increased their opposition to the president. And who knows, it might even help the creation of a future democratic state.

География

(1) Находя́сь (располага́ясь) на двух контине́нтах Евро́пы и А́зии, Росси́я са́мая больша́я из респу́блик составля́ющих (входя́щих в) Содру́жество Незави́симых Госуда́рств. (2) Росси́я отлича́ется широ́ким разнообра́зием приро́дных усло́вий и кли́мата. Здесь мо́жно найти́ огро́мные разли́чия в географи́ческом релье́фе: на ю́ге располо́жены го́ры, достига́ющие высоты́ 5000 ме́тров, а на восто́ке и за́паде простира́ются (раски́нулись) обши́рные ни́зменности. (3) В не́которых регио́нах Сиби́ри температу́ра достига́ет ми́нус семи́десяти гра́дусов. Неудиви́тельно, что террито́рия страда́ет от ве́чной мерзлоты́, что создаёт тру́дности при добы́че мно́гих поле́зных ископа́емых (приро́дных ресу́рсов). (4) Росси́я бога́та приро́дными ресу́рсами. Осо́бенно изве́стны месторожде́ния не́фти, располо́женные (находя́щиеся) в За́падной Сиби́ри. Но́вые месторожде́ния бы́ли неда́вно обнару́жены (откры́ты) в Восто́чной Сиби́ри. (5) Росси́я промы́шленно ра́звитая страна́ с си́льной ориента́цией на тяжёлую промы́шленность. В са́мом де́ле, здесь мо́жно найти́ любу́ю о́трасль обраба́тывающей и добыва́ющей промы́шленности. Добы́ча угля́ и желе́за и промы́шленность, осно́ванная на них, осо́бенно ра́звиты. (6) Сельскохозя́йственное произво́дство, в основно́м, сосредото́чено в Европе́йской ча́сти Росси́и. Здесь нахо́дятся знамени́тые чернозёмные по́чвы. По́чвы о́чень плодоро́дные.

Вопро́сы демогра́фии

(1) Согла́сно неда́вней пе́реписи населе́ние Великобрита́нии составля́ет 70 миллио́нов челове́к. (2) Демографи́ческая ситуа́ция в Росси́и о́чень серьёзная: рожда́емость сокраща́ется, продолжи́тельность жи́зни па́дает и де́тская сме́ртность превыша́ет де́тскую сме́ртность в за́падных стра́нах. (3) В ми́ре появи́лась но́вая тенде́нция: постепе́нное сокраще́ние рожда́емости начало́сь во мно́гих стра́нах за исключе́нием А́фрики. (4) В большинстве́ европе́йских стран число́ же́нщин вы́ше числа́ мужчи́н. Э́то мо́жно объясни́ть тем, что продолжи́тельность жи́зни же́нщин на не́сколько лет вы́ше чем мужчи́н. (5) Мигра́ция се́льского населе́ния в города́ ва́жный фа́ктор в сокраще́нии о́бщей чи́сленности населе́ния: се́мьи горожа́н ме́ньше. (6) Старе́ние населе́ния и увеличе́ние числа́ пенсионе́ров совреме́нное

явле́ние, характе́рное для европе́йских стран. (7) Уте́чка умо́в (мозго́в), распространи́вшаяся неда́вно в Росси́и, создаёт реа́льную опа́сность для бу́дущего росси́йского населе́ния и его́ генофо́нда. (8) Демо́графов беспоко́ит бы́стрый рост населе́ния в развива́ющихся стра́нах А́фрики и А́зии. (Демо́графы обеспоко́ены бы́стрым ро́стом ...).

Национа́льный вопро́с

(1) Конфли́кт, вспы́хнувший ме́жду Гру́зией и Абха́зией, мо́жет привести́ к гражда́нской войне́. (2) Невозмо́жно поня́ть совреме́нные э́тни́ческие конфли́кты, не зна́я их исто́рии: ко́рни пробле́мы обы́чно ухо́дят в како́й-нибу́дь конфли́кт в про́шлом. (3) Дискримина́ция про́тив русскоязы́чного меньшинства́ стано́вится распространённой во всех респу́бликах бы́вшего СССР: ру́сские лиша́ются гражда́нства и пра́ва уча́ствовать в вы́борах. (4) Распа́д Сове́тского Сою́за привёл к ослабле́нию экономи́ческих свя́зей ме́жду респу́бликами, к ро́сту напряжённости и к появле́нию многочи́сленных бе́женцев. (5) Но́вая горя́чая то́чка возни́кла (появи́лась) неда́вно на грани́це ме́жду Росси́ей и Украи́ной. (6) Благодаря́ компроми́ссу, предло́женному Росси́ей, конфли́кт ме́жду двумя́ респу́бликами был разрешён. (7) Поли́тика русифика́ции, проводи́мая прави́тельством, вы́звала огро́мное недово́льство ме́стного населе́ния. (8) Все не́мцы с Пово́лжья бы́ли депорти́рованы во вре́мя войны́ в Сиби́рь. Они́ подозрева́лись в сотру́дничестве с враго́м и бы́ли реабилити́рованы то́лько по́сле сме́рти Ста́лина. (9) Росси́йская национа́льная поли́тика до револю́ции была́ осно́вана на импе́рском при́нципе «разделя́й и вла́ствуй». (10) У коренно́го населе́ния нет пра́ва реша́ть свою́ судьбу́.

Экологи́ческие пробле́мы

(1) Росси́йская пре́сса сообща́ет о возро́сшем числе́ боле́зней, свя́занных с загрязне́нием. Продолжи́тельность жи́зни па́дает и де́тская сме́ртность растёт. (2) Большинство́ за́падных стран уже́ перешли́ на интенси́вные ме́тоды экономи́ческого разви́тия. Они́ потребля́ют ме́ньше приро́дных ресу́рсов, чем ра́ньше. Росси́я то́же отка́зывается от экстенси́вных ме́тодов разви́тия и перехо́дит на интенси́вные. (3) Госпо́дствующая идеоло́гия маркси́зма-ленини́зма была́ осно́вана на иде́е покоре́ния приро́ды. Коммуни́сты счита́ли,

что мо́жно поня́ть всё и переде́лать как приро́ду, так и о́бщество согла́сно тако́му понима́нию. (4) За́падная Сиби́рь значи́тельно потепле́ет к двухты́сячному го́ду согла́сно Росси́йской Акаде́мии нау́к. Ожида́ется, что сре́дняя годова́я температу́ра повы́сится на оди́н-два гра́дуса. Прогно́з осно́ван на иссле́дованиях климати́ческих усло́вий 65000 лет наза́д, когда́ содержа́ние углеки́слого га́за в атмосфе́ре приближа́лось к у́ровню, предска́зываемому к двухты́сячному го́ду.

Образова́ние

(1) До 1917 го́да бо́льшая часть населе́ния была́ негра́мотной; когда́ образова́ние ста́ло откры́тым для всех, лю́ди на́чали учи́ться с энтузиа́змом. (2) Пе́репись населе́ния в 1959 году́ показа́ла, что в СССР ликвиди́рована негра́мотность. (3) Для кома́ндно-администрати́вной систе́мы бы́ло о́чень ва́жно, что́бы все де́ти получа́ли одина́ковое воспита́ние и что́бы бы́ли дошко́льные учрежде́ния, где роди́тели могли́ оста́вить дете́й, когда́ они́ шли на рабо́ту. (4) В Росси́и сейча́с больша́я нехва́тка учителе́й; да́же в Москве́ име́ется не́сколько ты́сяч свобо́дных мест. (5) В настоя́щее вре́мя расхо́ды на образова́ние на одного́ челове́ка в ра́звитых стра́нах в 24 ра́за вы́ше, чем в развива́ющихся стра́нах, и э́тот разры́в продолжа́ет увели́чиваться. (6) У СССР всегда́ была́ репута́ция высоко́ образо́ванной страны́, его́ достиже́ния в э́той о́бласти многочи́сленны. (7) Пе́ред Росси́ей стои́т гига́нтская зада́ча измене́ния всей систе́мы образова́ния. Измене́ния должны́ быть осуществлены́ как мо́жно скоре́е, е́сли Росси́я хо́чет оста́ться вели́кой держа́вой.

Же́нский вопро́с

(1) Равнопра́вие мужчи́н и же́нщин впервы́е упомина́лось в Конститу́ции СССР: «Же́нщине предоставля́ются ра́вные права́ с мужчи́ной во всех областя́х экономи́ческой, культу́рной, социа́льно-полити́ческой жи́зни». (2) Говори́лось, что же́нщина име́ет ра́вное пра́во на труд, на ра́вную зарпла́ту, на о́тпуск. Но по́сле семи́десяти четырёх лет сове́тской вла́сти мужчи́ны всё ещё преоблада́ют на веду́щих поста́х, хотя́ бы́ли отде́льные слу́чаи, когда́ же́нщины занима́ли высо́кие посты́ в прави́тельстве и на дипломати́ческой слу́жбе. (3) Всё ещё распространены́ слу́чаи ущемле́ния зако́на о полово́й дискримина́ции. (4) Полити́ческий блок «Же́нщины Росси́и»

против утверждения, что место женщины в кухне, он борется за уничтожение стереотипов. Женщины должны иметь право выбора. (5) В условиях рыночной экономики стало неэкономично использовать женский труд. (6) По мнению многих российских экспертов, женщины могут оказывать давление, если их представительство достигает, по крайней мере, тридцати процентов.

Религия

(1) Огромные изменения (перемены) происходят в России теперь, изменения распространяются на все аспекты российской жизни. Нас особенно интересует, как изменилось отношение к религии в России в результате того, что произошло в стране. Можно ли сказать, что Россия переживает рост религиозности? (2) В нашей работе мы будем использовать информацию, собранную во время недавних социологических исследований, проведённых в Москве. (3) Согласно опросу рост религиозности в России тесно связан с распадом бывшей идеологической системы и с поисками философского мировоззрения. Это особенно относится к русской интеллигенции. Многие люди обращаются к религии, разочаровавшись в коммунистических ценностях. (4) Православная церковь, в отличие от других религий, всегда отождествляла себя с идеей сильного государства. Традиционно православие было государственной религией России и на протяжении российской истории всегда поощряло распространение русского национализма. (5) Цель большевиков после прихода к власти была полная ликвидация религии в России. Миллионы священников и верующих были убиты, тысячи церквей были осквернены или полностью уничтожены. (6) Официальная советская пропаганда заявляла, что в СССР запрещается преследовать человека за его религиозные убеждения и что в СССР не существует дискриминации против верующих. (7) Немногие согласны, что церковь должна играть активную роль в политической жизни: они против того, чтобы церковь поддерживала политические партии или участвовала в выборах.

Преступление и наказание

(1) Некоторые объясняют рост преступности экономическими причинами: бедность, безработица, плохое жильё. Другие настаивают, что тенденция к совершению преступлений может

передава́ться по насле́дству от одного́ поколе́ния к друго́му. (2) Согла́сно да́нным, со́бранным социо́логами, большинство́ люде́й, аресто́ванных за тя́жкие преступле́ния, бы́ли моло́же тридцати́ лет. (3) Престу́пность по свое́й приро́де космополити́чна, но престу́пные группиро́вки ча́сто пыта́ются организова́ть себя́ по этни́ческому при́знаку согла́сно свое́й национа́льности. (4) Вымога́тельство са́мое распространённое преступле́ние в Росси́и сего́дня, и объе́кты вымога́тельства - но́вые ру́сские, осо́бенно бизнесме́ны и банки́ры. (5) Ка́ждый престу́пник начина́ет свою́ «карье́ру» путём грабежа́, ограбле́ния и да́же уби́йства. То́лько поздне́е, е́сли ему́ удаётся созда́ть капита́л, он пыта́ется стать респекта́бельным и стано́вится заинтересо́ванным в си́льном госуда́рстве и эффекти́вной поли́ции, кото́рые защити́ли бы его́ интере́сы. (6) Са́мые серьёзные преступле́ния, по мне́нию мно́гих люде́й, преступле́ния про́тив ли́чности: уби́йство, изнаси́лование, преступле́ние с примене́нием наси́лия. (7) Хо́дит слух, что не́которые «во́ры в зако́не» как «Робин Гу́ды» - защи́тники бе́дных: они́ не прино́сят вреда́ обыкнове́нным лю́дям, и е́сли они́ убива́ют, они́ убива́ют бога́тых и́ли друг дру́га.

Безрабо́тица

(1) Созда́ние служб за́нятости бы́ло большо́й по́мощью для и́щущих рабо́ту. (2) Число́ потеря́вших рабо́ту дости́гло не́скольких ты́сяч. (3) Число́ сокращённых в результа́те банкро́тства увели́чилось почти́ в два ра́за. (4) Тру́дно найти́ рабо́ту для всех высвобожда́ющихся рабо́чих. (5) Мно́гие рабо́тники военнопромы́шленного ко́мплекса оказа́лись вы́свобожденными. (6) У обанкро́тившихся предприя́тий о́чень ма́ло ша́нсов вы́жить. (7) Лю́ди, оказа́вшиеся без рабо́ты, потеря́ли наде́жду на бу́дущее. (8) Басту́ющие тре́буют но́вого повыше́ния зарпла́ты, они́ не удовлетворены́ повыше́нием на 5 проце́нтов. (9) Це́нтры по трудоустро́йству, занима́ющиеся по́исками рабо́ты, бы́ли со́зданы по всей Росси́и. (10) Пять миллио́нов безрабо́тных бы́ли зарегистри́рованы в про́шлом году́ на би́ржах труда́. (11) Почти́ со́рок проце́нтов опро́шенных во вре́мя после́днего опро́са заяви́ли, что у безрабо́тицы есть положи́тельная сторона́. (12) 80 проце́нтов рабо́тников, за́нятых в военно-промы́шленном ко́мплексе, мо́гут потеря́ть рабо́ту. (13) У рабо́чих, проше́дших переподгото́вку (переобуче́ние) есть хоро́ший шанс найти́ рабо́ту. (14) Скры́тая безрабо́тица была́ распространённным явле́нием в бы́вшем СССР.

Политика

(1) Есть определённые преимущества в федеративной структуре российского государства. Есть надёжда, что такая структура поможет сохранить единство и территориальную целостность российского государства. (2) Идея усиления контроля за президентом популярна в российском парламенте: некоторые считают, что у президента слишком много власти. (3) Неудивительно, что людям надоели политики, рассуждающие о демократии и реформах. Людям нужны стабильность и мир, закон и порядок. (4) Не может быть демократического общества при однопартийной системе. К счастью, такая система дело прошлого. В России формируется многопартийная система, появляются многочисленные партии. Часто они неразличимы друг от друга. (5) Нарушения прав человека были обычным явлением при коммунистическом режиме. Даже сейчас можно слышать о нарушениях, происходящих на всех уровнях общества. (6) Конечная цель российского правительства - создание правового государства, в котором соблюдаются права человека.

Subject-specific words are not included; these will be found in the examples in the relevant chapters - 'arable land' in Geography, 'purification plant' in Ecology, and so on. The aim here is to give guidance on how to translate words common to various topics, some with a range of different meanings, like 'benefit'. Note that if no Perfective infinitive is given it means that the verb is not normally used in the Perfective or that the Perfective is the same as the Imperfective.

abandon (to reject, e.g. a policy)	отказываться (pf отказаться) от (+ gen)
able-bodied	трудоспособный
abolish (to cancel)	отменять (pf отменить)
abolition (repeal, cancellation)	отмена
absent, to be	отсутствовать
absorb (to swallow, engulf)	поглощать (pf поглотить)
abundance	изобилие
acceptance (reception, integration)	приём
access (information)	доступ к (+ dat)
accessible	доступный
accumulation	накопление
accuse (someone, of something)	обвинять (pf обвинить) (+ acc, в + prep)
achieve (to attain)	достигать (pf достигнуть) (+ gen)
(to realise)	осуществлять (pf осуществить)
acquire (to get, obtain)	приобретать (pf приобрести)
(to strive to get)	добиваться (pf добиться) (+ gen)
activity	деятельность
adapt (to adjust to)	приспособляться (pf приспособиться) к (+ dat)
advance (attack)	наступление
(scientific)	прогресс
advantage	преимущество
age	возраст
(to grow old)	стареть (pf постареть)
agenda	повестка дня
to put on the agenda	ставить на повестку дня
agree	соглашаться (pf согласиться) с (+ inst)

agreement (pact)	соглашéние
(concord)	согласие
agricultural	сельскохозяйственный
agriculture	сельское хозяйство
aim (purpose)	цель (f)
allow (admit)	допускáть (pf допустить)
(permit)	разрешáть (pf разрешить) (+ dat)
announce	заявлять (pf заявить)
appear	появляться (pf появиться),
	возникáть (pf возникнуть)
appearance (sudden)	появлéние, возникновéние
(outward)	внéшность
apply (to employ)	применять (pf применить)
appoint (to designate)	назначáть (pf назнáчить)
area (measurement)	площадь (f)
(region)	регион
(field of study)	область (f)
arise (emerge, crop up)	возникáть (pf возникнуть)
assist	способствовать (+ dat)
aspire	стремиться к (+ dat)
attempt	попытка
assassination attempt	покушéние
average	срéдний
on average	в срéднем
authority (power)	власть (f)
(respect)	авторитéт
balance	равновéсие
ban (to prohibit)	запрещáть (pf запретить)
(prohibition)	запрéт, запрещéние
basis	основа, основáние
believer	вéрующий/вéрующая
benefit (advantage, usefulness,	
improvement)	выгода, польза
(privilege, favour)	льгóта
(welfare)	пособие
birth	рождéние
birthrate	рождáемость
border	граница
(to join on to)	граничить с (+ inst)

boundary (limit)	преде́л
brain drain	уте́чка мозго́в (умо́в)
branch (of tree, religion)	ветвь (f)
(of economy)	о́трасль (f)
bribe	дава́ть (pf дать) взя́тку
bribery	взя́точничество
bring up (a child)	воспи́тывать (pf воспита́ть)
broaden (to expand)	расширя́ть (pf расши́рить)
burden (strain)	нагру́зка
to be burdened	быть загру́женным
burn (to set fire to)	сжига́ть (pf сжечь)
(to be on fire)	горе́ть
bury (waste)	захороня́ть (pf захорони́ть)
calculate (count)	подсчи́тывать (pf подсчита́ть)
cancel	отменя́ть (pf отмени́ть)
care (concern; worry)	забо́та
to care (concern onself; worry)	забо́титься (pf позабо́титься) о (+ prep)
cause	причиня́ть (pf причини́ть)
(to condition, bring about)	обусло́вливать (pf обусло́вить)
(to provoke)	вызыва́ть (pf вы́звать)
certain (sure)	уве́ренный/уве́ренная
(some)	не́который
(some particular)	определённый
change (to alter something)	изменя́ть (pf измени́ть)
(to be altered)	изменя́ться (pf измени́ться)
(to hand over to)	сменя́ться (pf смени́ться) (+ inst)
character	хара́ктер
to be characterised by	характеризирова́ться (+ inst)
characteristic	характе́рный
choose	выбира́ть (pf вы́брать)
circumstance	обстоя́тельство
citizenship	гражда́нство
civil, civilian	гражда́нский
claim (to assert)	утвержда́ть (pf утверди́ть)
clarify	выясня́ть (pf вы́яснить)
cling (to hold to an idea)	приде́рживаться (+ gen)
coincide	совпада́ть (pf совпа́сть)
collaborate (cooperate)	сотру́дничать

208

collapse	распа́д, разва́л
to collapse	распада́ться (pf распа́сться), разва́ливаться (pf развали́ться)
come	приходи́ть (pf прийти́)
come to, amount to	приходи́ться
come up against	ста́лкиваться (pf столкну́ться) с (+ inst)
Commonwealth	Содру́жество
community	общи́на
European Community	Европе́йское сообщество (ЕС)
comparatively	сравни́тельно
compare	сра́внивать (pf сравни́ть)
compared to	по сравне́нию с (+ inst)
compensate for	компенси́ровать за (+ acc)
compete with (in price)	конкури́ровать с (+ inst)
(sport)	соревнова́ться с (+ inst)
competition (commercial)	конкуре́нция
(sporting, etc.)	соревнова́ние
competitive (commercially)	конкурентоспосо́бный
compose (to compile)	составля́ть (pf соста́вить)
(original work)	сочиня́ть (pf сочини́ть)
composition (structure, make-up)	соста́в
compromise	идти́ (pf пойти́) на компроми́сс
compulsory	обяза́тельный
concentrate	сосредото́чиваться (pf сосредото́читься) на (+ prep)
concept	поня́тие
concern (to affect)	каса́ться (+ gen)
concession	усту́пка
condition	усло́вие
conduct (to lead)	проводи́ть (pf провести́)
confidence	уве́ренность (f)
consciousness	созна́ние
consequence	после́дствие
in consequence, subsequently	впосле́дствии
conservation (of nature)	охра́на приро́ды
constant	постоя́нный, непреры́вный
construction	строи́тельство, постро́йка
consumer	потреби́тель
consumer goods	това́ры широ́кого потребле́ния

continuous	непрерывный
contradict	противоречить (+ dat)
contradiction	противоречие
coordinate	координировать
cope with	справляться (pf справиться) с (+ inst)
correlation	соотношение
correspond	соответствовать (+ dat)
count on	рассчитывать на (+ acc)
cover (take in)	охватывать (pf охватить)
current	текущий
custom	обычай
damage	ущерб
to damage	наносить (pf нанести) ущерб (+ dat)
data	данные
decadence, decay, decline	упадок
declare	объявлять (pf объявить)
decrease	снижение, понижение [verb] снижаться (pf снизиться), понижаться (pf понизиться)
defend	защищать (pf защитить)
define	определять (pf определить)
definition	определение
degree (measurement)	градус
(level)	степень
demand	требование
to demand	требовать (pf потребовать) (+ gen)
deny	отрицать
depend on	зависеть от (+ gen)
depending on	в зависимости от (+ gen)
deprive of	лишать (pf лишить) (+ gen)
derive from	следовать из (+ gen)
despair	отчаяние
destruction	разрушение, уничтожение
determine	определять (pf определить)
develop	развивать (pf развить)
developed	развитый

development	разви́тие
devote to	посвяща́ть (pf посвяти́ть) (+ dat)
(to make) difficult	затрудня́ть (pf затрудни́ть)
direct (to orientate)	направля́ть (pf напра́вить)
direction	направле́ние
disaster	беда́, бе́дствие
discover	обнару́живать (pf обнару́жить)
(to be) disillusioned in	разочаро́вываться (pf разочарова́ться) (+ prep)
(be) distinguished from	отлича́ться от (+ gen)
distort	искажа́ть (pf исказмть)
distribution	распределе́ние
diversity	многообра́зие
duration	дли́тельность
duty	обя́занность
earn	зараба́тывать (pf зарабо́тать)
education	образова́ние
effect	эффе́кт
(to achieve)	осуществля́ть (pf осуществи́ть)
effort	уси́лие
election	вы́боры
eliminate (to eradicate)	устраня́ть (pf устрани́ть)
embrace (to cover all aspects)	охва́тывать (pf охвати́ть)
employee	рабо́тник; слу́жащий
emerge	возника́ть (pf возни́кнуть)
emphasise	подчёркивать (pf подчеркну́ть)
encourage	поощря́ть
enjoy popularity	по́льзоваться популя́рностью
environment	окружа́ющая среда́
equal	ра́вный
on an equal footing with	наравне́ с, на ра́вных с (+ inst)
equality	ра́венство; равнопра́вие
equate (to consider identical)	отождествля́ть (pf отождестви́ть)
establish	устана́вливать (pf установи́ть)
estimate	оце́нка
to estimate	оце́нивать (pf оцени́ть)
everyday	повседне́вный
examine	рассма́тривать (pf рассмотре́ть)

211

exceed	превыша́ть (pf превы́сить)
exception	исключе́ние
exceptional, exclusive	исключи́тельный
excessive	чрезме́рный
exhaust (to use up)	истоща́ть (pf истощи́ть)
exist	существова́ть
expanse, space	простра́нство
experience	о́пыт
to experience, feel	испы́тывать (pf испыта́ть)
export	экспорти́ровать, вывози́ть (pf вы́везти)
express	выража́ть (pf вы́разить), выска́зывать (pf вы́сказать)
expression	выраже́ние
extend (to increase, expand)	расширя́ть (pf расши́рить)
(to stretch, lie)	простира́ться
extra (supplementary)	дополни́тельный
(superfluous)	ли́шний
fair (just)	справедли́вый
faith in	ве́ра в (+ acc)
false	фальши́вый, подло́жный
familiarity	знако́мство
favour	предпочита́ть (pf предпоче́сть)
feature	черта́
field (of knowledge, activity)	о́бласть (f)
figure (number)	число́; показа́тель
fill	заполня́ть (pf запо́лнить)
finance	финанси́ровать
flare up	вспы́хивать (pf вспы́хнуть)
flat (level)	ро́вный
follow	сле́довать за (+ inst)
force	си́ла
(to compel, coerce)	вынужда́ть (pf вы́нудить), принужда́ть (pf принуди́ть)
forecast	прогно́з
formation	образова́ние
(to be) formed	образова́ться
fraud	моше́нничество
frequent	неоднокра́тный

fuel	то́пливо
fully, completely	по́лностью
gap	разры́в
general (common)	о́бщий
generate	порожда́ть (pf породи́ть)
get (to acquire)	приобрета́ть (pf приобрести́)
(to obtain)	достава́ть (pf доста́ть)
get rid of	избавля́ться (pf изба́виться) от (+ gen)
gradual	постепе́нный
grant (student's)	стипе́ндия
(subsidy)	дота́ция
(to provide)	предоставля́ть (pf предоста́вить)
grow (to get bigger)	расти́ (pf вы́расти)
(to cultivate)	выра́щивать (pf вы́растить)
growth	рост, приро́ст
guilty (culprit)	вино́вный
(to blame)	винова́тый
harm	вред
to harm	наноси́ть (pf нанести́) вред (+ dat)
harmful	вре́дный
head (to be in charge)	возглавля́ть (pf возгла́вить)
hold (to keep)	держа́ть
hold back	сде́рживать (pf сдержа́ть)
hostility	вражда́, враждéбность
house (to accommodate)	размеща́ть (pf размести́ть)
housing	жильё
human rights	права́ челове́ка
humanity (kindness)	гума́нность (f)
identify (to consider identical)	отождествля́ть (pf отождестви́ть)
image (depiction)	о́браз, изображе́ние
(public)	и́мидж
imagine	представля́ть (pf предста́вить) себе́

(to be) implicated in	быть заме́шанным/заме́шанной в (+ prep)
importance	ва́жность (f), значи́тельность (f)
inclination	скло́нность (f), укло́н
increase	увеличе́ние, повыше́ние
(to make [to get] larger)	увели́чивать(ся) (pf увели́чить(ся)), повыша́ть(ся) (pf повы́сить(ся))
independence	незави́симость (f), самостоя́тельность (f)
independent	незави́симый, самостоя́тельный
industrial	промы́шленный, индустриа́льный
industry	промы́шленность, инду́стрия
inevitable	неизбе́жный
infect	заража́ть (pf зарази́ть)
infinite	бесконе́чный
influence	влия́ние
[verb]	влия́ть (pf повлия́ть) на (+ acc), ока́зывать (pf оказа́ть) влия́ние на (+ acc)
to have an influence on	ска́зываться (pf сказа́ться) на (+ acc or prep)
infringement	наруше́ние
inherit	насле́довать (pf унасле́довать)
to be inherited	передава́ться (pf переда́ться) по насле́дству
instil	внуша́ть (pf внуши́ть)
insult	оскорбле́ние
intensify	обостря́ть (pf обостри́ть), уси́ливать (pf уси́лить)
intensification	обостре́ние
invent	изобрета́ть (pf изобрести́)
investigate	иссле́довать, рассле́довать
investigation	иссле́дование, рассле́дование
job	рабо́та, заня́тие
job centre	слу́жба за́нятости
judge (referee)	судья́ (m)
to judge	суди́ть

214

judgement	сужде́ние
judicial	суде́бный
keep (to hold)	держа́ть
to keep on	продолжа́ть (pf продо́лжить)
kidnap	похища́ть (pf похи́тить)
kidnapping	похище́ние
labour	труд
law	зако́н
to pass a law	принима́ть (pf приня́ть) зако́н
lawlessness	беспреде́л
lawyer	слой
leadership	руково́дство
leading	веду́щий
level	у́ровень (m)
liberation	освобожде́ние
limit	преде́л
to limit	ограни́чивать (pf ограни́чить)
limitation	ограниче́ние, ущемле́ние
limited	ограни́ченный
link	связь (f)
(to be) located	располага́ться, находи́ться
look after	уха́живать за (+ inst)
mainly	гла́вным о́бразом, в основно́м
maintain	подде́рживать (pf поддержа́ть)
manage (to have time to)	успева́ть (pf успе́ть)
(to control)	управля́ть (+ inst)
management	управле́ние
master	овладева́ть (pf овладе́ть) (+ inst),
	осва́ивать (pf осво́ить) (+ acc)
mastering	освое́ние
mean (to signify)	зна́чить, означа́ть
(to want to say)	име́ть в виду́
means (method)	сре́дство
(finance)	сре́дства
measure	ме́ра
to measure	измеря́ть (pf изме́рить)
mention	упомина́ть (pf упомяну́ть)

military	военный
minority	меньшинство
misfortune	беда
mistrust	недоверие
mixed	смешанный
mock	подвергать (pf подвергнуть) насмешке
moderate	умеренный
moderation	умеренность (f)
moral	нравственный
mutual	взаимный
natural	естественный
natural resources	природные ресурсы
nature	природа
necessity, need	необходимость, потребность
negative	отрицательный
note	отмечать (pf отметить)
observe (law)	соблюдать
(watch)	наблюдать
obsolescence	устарелость (f)
obsolete	устаревший, устарелый
obstacle	препятствие
obvious	очевидный
occur	случаться (pf случиться), происходить (pf произойти)
oil	нефть (f)
opponent	противник
opportunity	возможность
order	порядок
(to command)	приказывать (pf приказать) (+ dat)
(to place an order)	заказывать (pf заказать)
orientate to	ориентироваться на (+ acc)
origin	происхождение
Orthodox	православный
Orthodoxy	православие
outlook	мировоззрение
outnumber	численно преобладать

overcome	преодолевать (pf преодолеть)
packaging	упаковка
pardon	помилование
painless	безболезненный
parish	приход
parishioner	прихожанин
parliamentary	парламентарный, парламентский
participant	участник/участница
participate in	участвовать в (+ prep)
participation	участие
partly	частично
pay	плата, оплата
to pay	платить (заплатить) за (+ acc)
peaceful	мирный
peasant	крестьянин
peculiarity	особенность
penetrate	проникать (pf проникнуть)
percentage	процент
permitted	допустимый
persecute	преследовать
persecution	преследование
persistent	настойчивый
phenomenon	явление
plan	план, замысел
plant (vegetation)	растение
(factory)	завод
plastic	пластмасса
plot (conspiracy)	заговор
[verb]	опрашивать (pf опросить)
pollute	загрязнять (pf загрязнить)
pollution	загрязнение, загрязнённость
population	население
positive	положительный
possess	располагать (+ inst), обладать (+ inst)
post (job)	должность, пост
power (authority)	власть
practice (religion)	исповедовать религию

pray for	моли́ться (pf помоли́ться) о (+ prep)
preach	пропове́довать
predominant	преиму́щественный
predominate	преоблада́ть
prejudice	предрассу́док
(to be) present	прису́тствовать
preserve	сохраня́ть (pf сохрани́ть)
pressing (urgent)	актуа́льный
prevail over	госпо́дствовать над (+ inst)
prevent	меша́ть (pf помеша́ть) (+ dat)
	препя́тствовать (+ dat)
previous	пре́жний
priority	приорите́т, преиму́щество
production	произво́дство
productive	продукти́вный, производи́тельный
productivity	производи́тельность (f)
profitable	рента́бельный, при́быльный, вы́годный
(to be) prompted	вызыва́ться
proportion	пропо́рция, до́ля
protect	защища́ть (pf защити́ть), охраня́ть (pf охрани́ть)
protection	покрови́тельство, охра́на
prove	дока́зывать (pf доказа́ть)
provide	обеспе́чивать (pf обеспе́чить)
provision	обеспе́чение
public	обще́ственный
publicity	огла́ска
punish	нака́зывать (pf наказа́ть)
punishment	наказа́ние
pupil	учени́к, учени́ца, уча́щийся, уча́щаяся
pursue	пресле́довать; гна́ться за (+ inst)
quality	ка́чество
quantity	коли́чество
radiation	радиа́ция

radioactivity	радиоакти́вность (f)
rainfall	оса́дки
raw materials	сырьё
reach (to attain)	достига́ть (pf дости́гнуть) (+ gen)
realise (to understand)	осознава́ть (pf осозна́ть)
(to achieve)	реализова́ть, осуществля́ть (pf осуществи́ть)
recognize	признава́ть (pf призна́ть)
reduce	уменьша́ть (pf уме́ньшить) сокраща́ть (pf сократи́ть)
reduction	уменьше́ние, сокраще́ние
refute	опроверга́ть (pf опрове́ргнуть)
reject	отка́зываться (pf отказа́ться) от (+ gen)
rejection	отка́з от (+ gen)
remove from	отстраня́ть (pf отстрани́ть) от *or* с (+ gen)
relate to	относи́ться (pf отнести́сь) к (+ dat)
reliable	надёжный
relationship	отноше́ние
relax (to soften)	смягча́ть (pf смягчи́ть)
rely on	полага́ться (pf положи́ться) на (+ acc)
remote	отдалённый
represent	представля́ть (pf предста́вить)
representative (person)	представи́тель
[adj]	типи́чный, представи́тельный
resettle	переселя́ться (pf пересели́ться)
resist	противостоя́ть (+ dat), сопротивля́ться (+ dat)
restrict (to limit)	ограни́чивать (pf ограни́чить)
(to squeeze)	ущемля́ть (pf ущеми́ть)
restriction	ограниче́ние
reveal	выявля́ть (pf вы́явить)
revival	возрожде́ние
riot	беспоря́док
rival	сопе́рничать с (+ inst)
root	ко́рень (m)
rubbish	му́сор

rule (to govern)	управля́ть (+ inst)
rural	се́льский, дереве́нский
safe	безопа́сный
safety	безопа́сность (f)
satisfy	удовлетворя́ть (pf удовлетвори́ть) (+ acc *or* dat)
save (energy)	бере́чь, сберега́ть (pf сбере́чь)
scientific	нау́чный
scientist	учёный
search	по́иски
secret	та́йный
seize	захва́тывать (pf захвати́ть)
senseless	бессмы́сленный
sensitive	чувстви́тельный
separate	отде́льный
service	слу́жба
service sector	се́ктор услу́г
severe	суро́вый
sexual	сексуа́льный, полово́й
shift (work)	сме́на
(to be) short of	не хвата́ть (+ gen)
shortage	нехва́тка, недоста́ток
sign	знак, при́знак
similar	аналоги́чный, тако́й, подо́бный, схо́дный
similar to	похо́жий на (+ acc)
size	разме́р
(numerical)	чи́сленность
social	обще́ственный, социа́льный
solution (answer)	реше́ние
solve	реша́ть (pf реши́ть)
(a crime)	раскрыва́ть (pf раскры́ть) преступле́ние
source	исто́чник
specialization	специализа́ция
specialize in	специализи́роваться по (+ dat)
species	вид
spiritual	духо́вный

spread	распространя́ть (pf распространи́ть)
squeeze out	вытесня́ть (pf вы́теснить)
stable	усто́йчивый
stage (grade)	ступе́нь (f), ста́дия
stand (tolerate)	терпе́ть
to stand out (be distinctive)	выделя́ться (pf вы́делиться)
to stand up for	отста́ивать (pf отстоя́ть)
standard	но́рма
(of living)	у́ровень (m) жи́зни
(adj)	станда́ртный, еди́ный
state (nation)	госуда́рство
(condition)	состоя́ние
statistics	стати́стика
stop (to halt)	остана́вливать (pf останови́ть)
(to cease doing)	перестава́ть (pf переста́ть) (+ infin)
(to cease an action)	прекраща́ть (pf прекрати́ть)
strengthen	уси́ливать (pf уси́лить), укрепля́ть (pf укрепи́ть)
strengthening	укрепле́ние
strike (refusal to work)	забасто́вка
to be (go) on strike	бастова́ть (pf забастова́ть)
structure	структу́ра
(social)	устро́йство
subject to	подверга́ть (pf подве́ргнуть) (+ dat)
successful	успе́шный
suffer	страда́ть
suit (to look appropriate)	подходи́ть (+ dat)
(be convenient)	устра́ивать (pf устро́ить)
suitable	подходя́щий
superiority	превосхо́дство
superstition	суеве́рие
supply	снабже́ние
supply and demand	спрос и предложе́ние
to supply	снабжа́ть (pf снабди́ть)
support	опо́ра, подде́ржка
to support, back up	подде́рживать (pf поддержа́ть)
supporter	сторо́нник

221

suppress	подавля́ть (pf подави́ть)
surface	пове́рхность
surplus	избы́ток, изли́шек
surprising	удиви́тельный
surround	окружа́ть (pf окружи́ть)
survive	выжива́ть (pf вы́жить)
take place	состоя́ться
take shape	скла́дываться (pf сложи́ться)
tax	облага́ть (pf обложи́ть) нало́гом
tense	напряжённый
tension	напряже́ние, напряжённость
test (trial)	испыта́ние
think	мы́слить
thinking	мышле́ние
threat	угро́за
to put under threat	ста́вить (pf поста́вить) под угро́зу
threaten	грози́ть, угрожа́ть (+ dat)
throughout	на протяже́нии (+ gen)
tolerance	терпи́мость
tolerant	терпи́мый
topical	злободне́вный
towards (in relation to)	по отноше́нию к (+ dat)
train (to instruct)	гото́вить (pf подгото́вить)
training	подгото́вка
transfer	передава́ть (pf переда́ть)
transform	превраща́ть (pf преврати́ть)
to be transformed, turn into	превраща́ться (pf преврати́ться) в (+ acc)
transformation	превраще́ние, преобразова́ние
transition	перехо́д
transmission (broadcast)	переда́ча
trend	тенде́нция
undermine	подрыва́ть (pf подорва́ть)
undertake	предпринима́ть (pf предприня́ть)
underworld (criminal)	престу́пный мир
undesirable	нежела́тельный

unemployed	безрабóтный
unemployment	безрабóтица
unemployment benefit	посóбие по безрабóтице
unevenly	неравномéрно
union	соńз, объединéние
unit	едини́ца
unite	объединя́ть (pf объедини́ть)
unity	еди́нство
upbringing	воспита́ние
urgent	срóчный
use	испóльзование, употреблéние
to use	испóльзовать, употребля́ть (pf употреби́ть)
usual	обы́чный, привы́чный
value	цéнность
varied, various	разнообрáзный
variety	многообрáзие, разнообрáзие
vegetation	расти́тельность (f)
view	взгляд; вид
point of view	тóчка зрéния
victim	жéртва
violate	наруша́ть (pf нару́шить)
violation	нарушéние
violence	наси́лие
voluntary	добровóльный
vote for	голосова́ть (pf проголосова́ть) за (+ acc)
voter	избира́тель
vulnerable	уязви́мый
wage	зарпла́та
wasteful	расточи́тельный
way (method)	спóсоб
way of life	óбраз жи́зни
well-being	благополу́чие
win	побежда́ть (pf победи́ть)
(to bear) witness	обходи́ться (pf обойти́сь) без (+ gen)
work out (to develop)	разраба́тывать (pf разрабóтать)

Lightning Source UK Ltd.
Milton Keynes UK
UKOW01f0820301017
311871UK00016B/1116/P